親子で学ぶ 国宝 松江城のお殿様 ②

～松江藩主 松平家 初代直政《なおまさ》から六代宗衍《むねのぶ》～

発刊によせて

松江歴史館館長　藤岡大拙

この度、松江歴史館専門官宍道正年さんの「親子で学ぶ松江城シリーズ」第5弾、『親子で学ぶ国宝松江城のお殿様②』が出版のはこびとなりました。著者の宍道さんは、日ごろ児童生徒たちへの郷土史学習に尽瘁され、寧日の暇もないほど忙しい日々を送って居られるのですが、他方、松江城や城下町松江等のテーマで、著述活動にも精力的に取り組んでおられる、斯界の第一人者なのです。小学生たちに郷土の歴史を面白く分かり易く説明し、しかも学問的にしっかりとした基礎を踏まえておられるからです。まことに貴重な存在と言わねばなりません。

前回の第④弾が、堀尾家・京極家という松江藩草創期の殿様を取り上げていたのに対し、今回の第⑤弾では、松江藩の発展と安定をになった松平家の殿様を取り上げています。松平家は明治維新まで十代続くのですが、本書では初代直政から六代宗衍まで6人の殿様の人物と治績がえがかれています。今まで影の薄かった殿様にもしっかりと光をあてて評価されています。

なかでも、宍道さんが最も紙数をさいているのは、従来、評価の低かった宗衍についてです。わずか3歳で襲封し、39歳で致仕するまでの36年間、財政難にあえぐ松江藩の藩政改革や学問教育の振興などに心を砕き、苦悩し続けた宗衍の姿を詳細に描き出しています。著者が特に宗衍に注目しているのは、宗衍が昔から評価が低かったことへの義憤があったと思われますが、もう一つ次のような別の理由もあるようです。

宗衍の墓は月照寺にあるのですが、墓の前方に亀趺の上に石碑がそそり立つ寿蔵碑は有名です。碑文は生前の宗衍を讃えたもので、萩野正敏の撰文です。この大きな石碑は出雲市久多見町の久多見石を切り出して、舟ではるばる運んだものだと言われています。宍道さんはかつて久多美小学校の教諭だったとき、その石を削り取った場所を知り、大きな感動を味わったのでした。そして、その大きな石を舟に乗せて宍道湖経由で月照寺に運ぶ体験学習を実行したのでした。宍道さんの胸中には、久多見石を媒介として宗衍との関わりが次第に強くなっていったに違いありません。

巻末の特別付録では、この寿蔵碑の碑陰に刻まれた文章の解読がなされています。本邦初公開と言っていいでしょう。驚くべきは、小学6年生のマアチャンにも理解できるほどのやさしさで訳されています。画期的な試みです。

宍道さんのますますのご活躍を祈ってやみません。

松江藩に関わる歴史年表

日本の歴史

- 1603 徳川家康が征夷大将軍《せいいたいしょうぐん》となり、江戸幕府を開く（慶長8）
- 1614 大坂冬の陣（慶長19）
- 1615 大坂夏の陣で豊臣氏がほろぶ（慶長20）
- 1617 武家諸法度《ぶけしょはっと》など諸制度できる（元和3）
- 1633 鎖国《さこく》令発布（寛永10）
- 1637 島原の乱がおこる（寛永14）
- 1639 鎖国《さこく》が完成する（寛永16）
- 1649 慶安の御触書《おふれがき》を出す（慶安2）
- 1651 由井正雪《ゆいしょうせつ》の乱（慶安4）

将軍	初代 家康	2代 秀忠	3代 家光
	1603~1605	1605~1623	1623~1651

松江藩主	初代 堀尾忠氏《ほりおただうじ》	2代 堀尾忠晴《ほりおただはる》	初代 京極忠高《きょうごくただたか》	初代 松平直政《まつだいらなおまさ》
	1600~1604	1604~1633	1634~1637	1638~1666

松江藩の歴史

- 1601 直政、8月5日近江《おうみ》国で生まれる（慶長6）
- 1607 直政の父、結城秀康《ゆうきひでやす》、34歳で亡くなる（慶長12）
- 1611 直政の兄、忠直《ただなお》の計らいで京都二《に》条城《じょうじょう》で祖父の徳川家康《いえやす》と叔父《おじ》の将軍徳川秀忠《ひでただ》に初めてお目にかかる（慶長16）
- 1613 直政の兄、忠直《ただなお》から諱《いみな》の一字「直」と、甲冑《かっちゅう》をいただいて、これ以後出羽《でわ》介直政《すけなおまさ》と名乗《なの》る（慶長18）
- 1614 直政大坂冬の陣《じん》の時、14歳で初めて出陣《しゅつじん》（慶長19）
- 1618 直政、従五位下《じゅごいげ》出羽守《でわのかみ》に任命される（元和4）
- 1619 幕府から上総国《かずさの》（千葉県）海北郡姉ケ崎《あねがさき》（市原市）1万石を拝領（元和5）
- 1624 直政、越前国《えちぜんの》（福井県）大野《おおの》郡大野《おおの》城5万石を拝領、城もち大名に出世（寛永元）
- 1628 直政、28歳で松平甲斐守忠良《かいのかみただよし》（本姓久松氏）の娘、国《くに》と結婚（寛永5）
- 1631 直政の長男久松丸《ひさまつまる》（二代藩主綱隆）江戸山手館で生まれる。（寛永8）
- 1633 直政、信濃国《しなのの》（長野県）松本城7万石のお殿様になる（寛永10）
- 1638 直政、徳川家光から出雲国18万6千石を拝領（隠岐国は預り地）4月13日松江城へ入る（寛永15）
- 1639 御直書《おじきしょ》を家老級の家臣にむけて出す（寛永16）
- 1641 藩の政治の補佐と、久松丸《ひさまつまる》（二代藩主綱隆）の教育のため、黒澤石斎《くろさわせきさい》という学者を松江藩に迎える（寛永17）
- 1644 日御碕《ひのみさき》神社（出雲市大社町）着手して10年後にやっと完成（寛永21）
- 1648 ホーランエンヤが始まる（慶安元）
- 1650 周藤弥兵衛《すどうやへえ》、日吉村の剣山《つるぎさん》切り通し工事に着手する（95年後完成）（慶安3）
- 1651 綱隆20歳で元服《げんぷく》し、四代将軍家綱の一字「綱」を授かって「綱隆」と名乗る（慶安4）

1657 ● 江戸明暦《めいれき》の大火（明暦3）

1672 ● 河村瑞賢《かわむらずいけん》が「西廻《にしまわ》り航路《こうろ》」を開く（寛文12）

4代 家綱
1651~1680

2代 松平綱隆《まつだいらつなたか》
1666~1675

3代 松平綱近《まつだいらつなちか》
1675~1704

1658 ● 直政、隠岐の海士《あま》町にある後鳥羽上皇《ごとばじょうこう》の山陵《さんりょう》（墓《はか》）の修理（万治元）

1659 ● 綱隆の四男萬助《まんすけ》（三代藩主綱近）、9月29日江戸山手館で生まれる（万治2）

1663 ● 直政、将軍家綱の代理で京都の御所へ（寛文3）

1664 ● 直政、母、月照院《げっしょういん》の霊牌《れいはい》（いはい）をおさめようと忠光寺《ちゅうこうじ》を月照寺《げっしょうじ》に改める（寛文4）

1666 ● 2月3日、江戸赤坂《あかさか》の藩邸《はんてい》（藩の屋敷《やしき》）で直政亡くなる。66歳（寛文6）

1666 ● 6月10日、綱隆35歳で藩主となる（寛文6）

1666 ● 広瀬《ひろせ》藩（3万石）と母里《もり》藩（1万石）を分藩する（寛文6）

1667 ● 杵築《きづき》大社（出雲大社）の造営完成（寛文7）

1668 ● 綱隆の五男幸松丸（四代藩主吉透）、7月16日松江で生まれる（寛文8）

1673 ● 6月15日と9月21日の二度の白潟大火で藩の蔵が焼ける（寛文13）

1674 ● 6月25日の集中豪雨で宍道湖と堀川が増水し、26日城下は浸水。27日、綱隆は舟に乗って、城外を二度巡視《じゅんし》（延宝2）

1674 ● 日御碕《ひのみさき》神社の検校《けんぎょう》（宮司《ぐうじ》）小野尊俊《おのたかとし》を隠岐・海士《あま》へ島流し（流罪《るざい》）（延宝2）

1675 ● 不足するお金をふやすために藩の中でしか使えない紙幣《しへい》「藩札《はんさつ》」発行（延宝3）

1675 ● 綱隆、参勤交代《さんきんこうたい》を幕府にお願いして、とりやめにしてもらう（延宝3）

1675 ● 4月1日、出雲国にいた綱隆は松江城の正殿で急死。45歳（延宝3）

1675 ● 綱近7月16日、17歳で家督《かとく》を継いで藩主となる。四代将軍家綱の一字「綱」を賜って「綱近」従四位下侍従兼出羽守《じゅしいげじじゅうかねでわのかみ》（延宝3）

1675 ● 綱近7月、上総国《かずさのくに》（千葉県）姉崎《あねがさき》の鷹狩《たかが》り場を幕府へ返す、この年も凶作《きょうさく》（延宝3）

1675 ● 綱近の父、綱隆の廟所《びょうしょ》（墓所）をつくり始める（延宝3）翌年完成

1677 ● 大梶七兵衛《おおかじしちべえ》が今の出雲市大社町の荒木浜に松の植林をして開墾《かいこん》（延宝5）

1677 ● 越後国《えちごのくに》（新潟県）高田藩のお家騒動《そうどう》で、家老荻田主馬《おぎたかずま》が松平綱近へ預けとなる（延宝7）

1679 ● 倉崎権兵衛《くらさきごんべえ》が楽山《らくざん》焼を始める（延宝7）

1679 ● 8月1日、松平直政の廟所の廟門建立（延宝7）

1680 ● 凶作で約3万9000人も飢餓《きが》（延宝8）

1686 ● 松江藩国令により宍道湖と中海沿岸の山々に松や杉など植林、茶・楮《こうぞ》・漆《うるし》・桑・綿花の栽培をうながす（貞享3）

1686 ● 5か年の「半知」と「奢侈《しゃし》禁止令」（貞享3）

松江藩に関わる歴史年表

日本の歴史

- 1687 生類憐《しょうるいあわれ》みの令（貞享4）
- 1702 赤穂浪士《あこうろうし》の討《う》ち入り（元禄15）
- 1707 富士山噴火、宝永山《ほうえいざん》できる（宝永4）
- 1709 新井白石《はくせき》の正徳《しょうとく》の治《ち》が始まる（宝永6）
- 1716 享保《きょうほう》の改革（享保元）
- 1721 目安箱《めやすばこ》の設置（享保6）

将軍

5代 綱吉	6代 家宣	7代 家継
1680~1709	1709~1712	1712~1716

松江藩主

3代 松平綱近《まつだいらつなちか》	4代 松平吉透《まつだいらよしとお》	5代 松平宣維《まつだいらのぶずみ》
1675~1704	1704~1705	1705~1731

松江藩の歴史

- 1686 平田川違《かわたがえ》工事で斐伊川を4本の川筋から1本の流れにして平田町の南に流下させた（貞享3）
- 1687 出雲市大津で長さ8㎞の高瀬《たかせ》川や、出雲市湖陵《こりょう》町の差海《さしみ》川を掘って、周囲に約500haの水田をつくる（貞享4）
- 1687 預り地、隠岐国を幕府に返上（貞享4）
- 1696 吉透、越前《えちぜん》（福井県）藩主松平昌勝《まさかつ》の娘、菅と結婚（元禄9）
- 1698 吉透の二男荘五郎（五代藩主宣維）5月18日、江戸青山邸に生まれる（元禄11）
- 1704 綱近、1月5日46歳で、弟の吉透（綱隆の五男）に家督《かとく》をゆずって隠退《いんたい》（宝永元）
- 1704 吉透、綱近の養子となり、5月30日に襲封《しゅうほう》し、従四位下侍従兼出羽守《じゅしいげじじゅうかねでわのかみ》となる（宝永元）
- 1705 隠岐・海士に推恵《すいけい》神社建つ（宝永2）
- 1705 吉透、9月6日病気で亡くなる。38歳（宝永2）
- 1705 宣維、8歳で藩主となる（宝永2）
- 1706 8月大風、10月大地震（宝永3）
- 1709 綱近、11月15日51歳で亡くなる（宝永6）
- 1711 宣維、六代将軍家宣から「宣」の一字をいただいて宣維と名乗り、この年4月出雲へ入国（正徳元）
- 1711 9月大火のため今の松江市石橋町、奥谷《おくだに》町が焼失《しょうしつ》（正徳元）
- 1717 異国船《いこくせん》が美保関《みほのせき》に停泊《ていはく》し、それ以来、楯縫郡河下浦《たてぬいぐんかわしもうら》（今の出雲市河下《かわしも》）など、沿岸各地に出没《しゅつぼつ》。発砲《はっぽう》し、撃退《げきたい》（享保2）
- 1720 幕府は綱近の時に返上された隠岐を再び管理するように宣維に命じる（享保5）
- 1721 7月、大風雨で城下の浸水は深さ4尺（享保6）
- 1722 7月、大風雨で城下浸水4尺（享保7）
- 1723 卜蔵孫三郎《ぼくらまごさぶろう》が、今の安来市荒島《あらしま》で卜蔵新田《ぼくらしんでん》開発に着手。16年かけて1739年に完成（享保8~天文4）

1732 ●蝗《いなご》の害により西日本大凶作《きょうさく》(享保の大飢饉《だいききん》)(享保17)

1742 ●公事方御定書《くじかたおさだめがき》制定(寛保2)

1760 ●産業革命(イギリス)(宝暦10)

1772 ●田沼意次《たぬまおきつぐ》が老中となる(安永元)

1774 ●解体新書《かいたいしんしょ》できる(安永3)

8代 吉宗	9代 家重	10代 家治
1716~1745	1745~1760	1760~1786

6代 松平宗衍《まつだいらむねのぶ》	7代 松平治郷《まつだいらはるさと》
1731~1767	1767~1806

1724 ●宣維、公家の伏見宮邦永親王《ふしみのみやくにながしんのう》の娘、岩姫《いわひめ》と結婚。岩姫《いわひめ》、ご結婚の際、お土産として擬宝珠《ぎぼし》18個持参(享保9)

1729 ●宣維の長男、幸千代《ゆきちよ》(六代藩主宗衍)5月28日、江戸赤坂藩邸《あかさかはんてい》で生まれる(享保14)

1731 ●宣維、8月27日亡くなる。34歳(享保16)

1731 ●宗衍、10月13日、わずか3歳で宗衍襲封《しゅうほう》(享保16)

1732 ●大規模な蝗害《こうがい》発生。百姓一揆《ひゃくしょういっき》が起こる(享保17)

1733 ●岩姫、推恵《すいけい》神社を松江市西川津町楽山《らくざん》に建てる(享保18)

1733 ●松江の百姓町から出火、松江城上御殿《うわごてん》(今、護国《ごこく》神社がある所)にも延焼《えんしょう》(享保18)

1742 ●宗衍、14歳のとき元服《げんぷく》して八代将軍吉宗の一字「宗」をいただいて、宗衍と改名。従四位下《じゅしいげ》の位になる(寛保2)

1744 ●出雲大社造営(延享元)

1745 ●宗衍、6月1日17歳で初めて出雲入国(延享2)

1745 ●7月に大水害、城下は1.8m浸水。宗衍も舟に乗って巡視(延享2)

1746 ●家臣の給料を5年間半分にする(延享3)

1747 ●延享《えんきょう》の改革を始める。小田切備中尚足《ひさたり》を"補佐"にする(延享4)

1748 ●木実方《きのみかた》を設置する(寛延元)

1750 ●泉府方《せんぷがた》という藩が経営する金融機関《きんゆうきかん》を設置(寛延3頃)

1753 ●泉府方《せんぷがた》の運営が行き詰まって小田切尚足《ひさたり》が退役。延享《えんきょう》の改革は6年で終わる(宝暦3)

1755 ●将軍家重の代理で京都の御所へ(宝暦5)

1756 ●釜甑方《ふそうかた》を設置する(宝暦6頃)

1758 ●藩校《はんこう》「文明館《ぶんめいかん》」を開設する(宝暦8)

1761 ●幕府から、京都の比叡山山門《ひえいざんさんもん》の修理工事を命じられる(宝暦11)1年半かかる

1766 ●8月、治郷を出雲へ入国させ、朝日郷保を「当職」に任命(明和3)

1767 ●宗衍、財政ひっ迫《ぱく》の責任をとって11月27日、39歳で隠居《いんきょ》。その後、主計頭《かずえのかみ》名乗る(明和4)

1778 ●宗衍、月照寺に寿蔵碑《じゅぞうひ》を建立するように命じる(安永7)

1782 ●宗衍、10月4日江戸赤坂《あかさか》の藩邸《はんてい》で亡くなる。54歳(天明2)

松平《まつだいら》氏《し》家系図《かけいず》

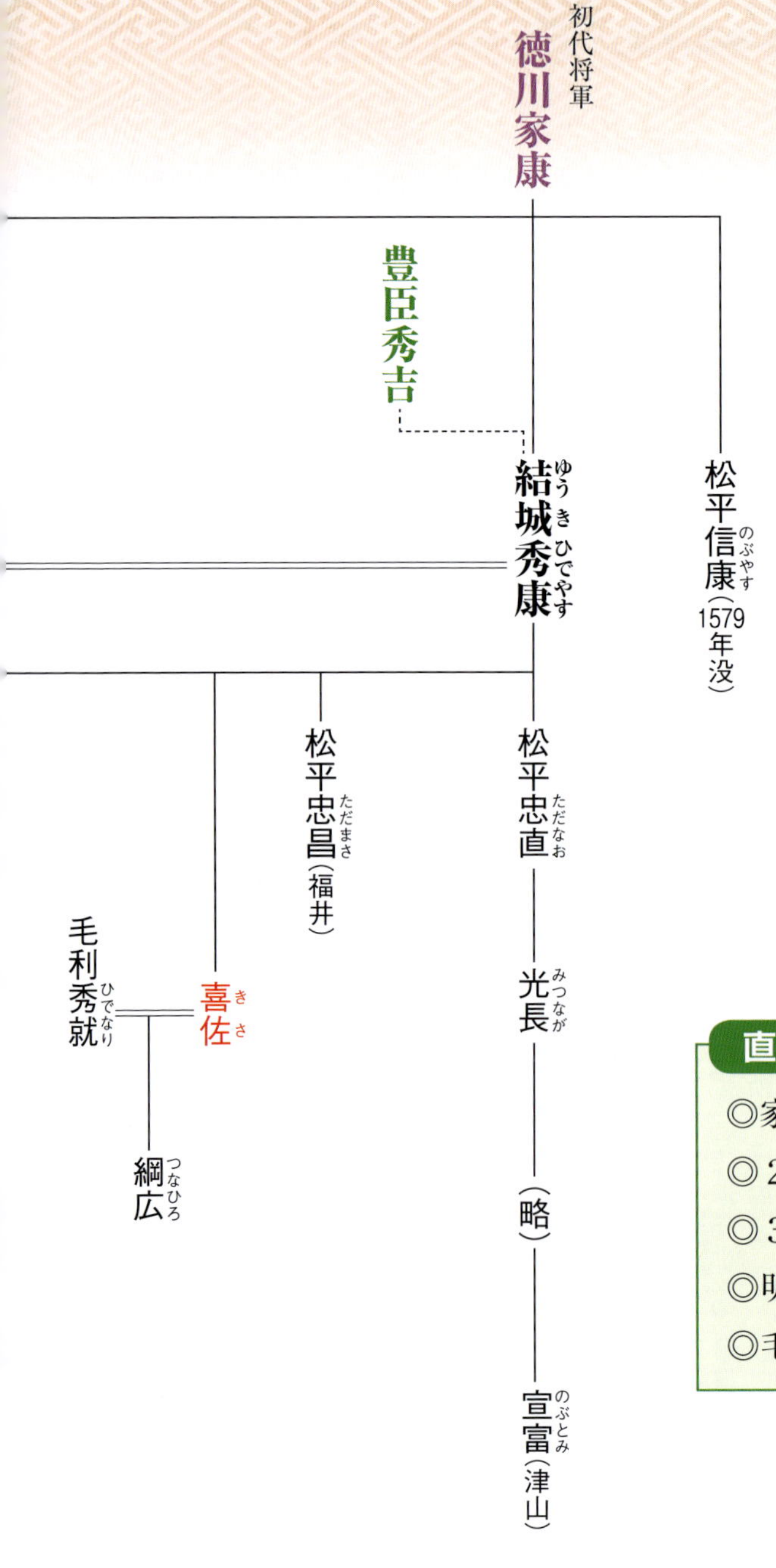

直政の系図のポイント

◎家康と秀吉は祖父
◎２代将軍秀忠は叔父
◎３代将軍家光は従弟
◎明正天皇はいとこ違い
◎毛利秀就《ひでなり》は義兄《ぎけい》

松江歴史館発行「松江藩主松平直政の生涯」より作成

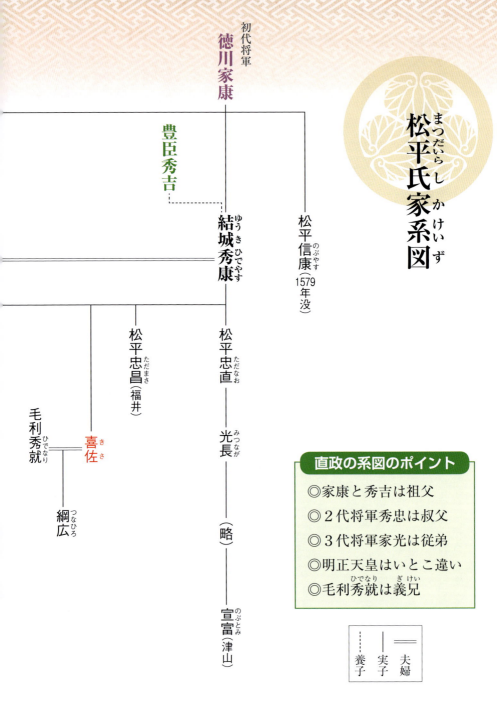

結城晴朝《ゆうきはるとも》
鶴姫《つるひめ》

松平・松江藩初代 松平直政《なおまさ》
二代 綱隆《つなたか》
三代 綱近《つなちか》
四代 吉透《よしとお》
五代 宣維《のぶずみ》
六代 宗衍《むねのぶ》
七代 治郷《はるさと》
八代 斉恒《なりつね》
九代 斉貴《なりたけ》
十代 定安《さだやす》

吉透《よしとお》

松平直基《なおもと》（前橋）
松平直良《なおよし》（明石）

二代将軍 徳川秀忠《ひでただ》
三代将軍 徳川家光
和子《まさこ》
後《ご》水尾《みずのお》天皇
明正《めいしょう》天皇（興子《おきこ》）（上皇）

○
○
○

徳川義直《よしなお》（尾張）―光友《みつとも》
徳川頼宣《よりのぶ》（紀伊）―光貞《みつさだ》
徳川頼房《よりふさ》（水戸）―光圀《みつくに》

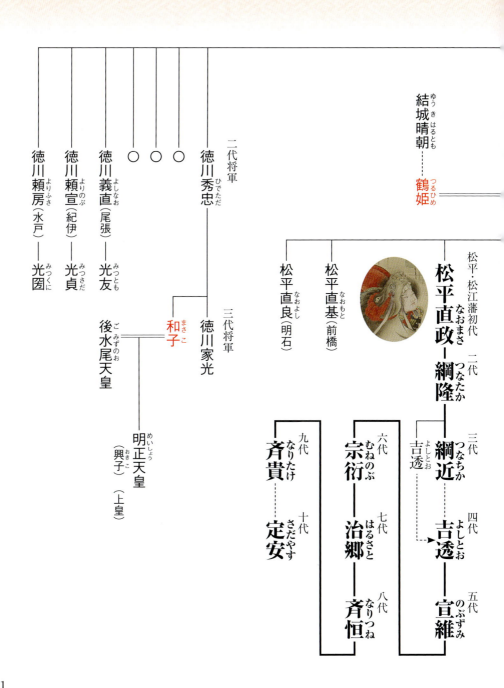

1 松江藩主《はんしゅ》松平家《まつだいらけ》初代《しょだい》直政《なおまさ》とは、どんなお殿様《とのさま》 ～武勇《ぶゆう》にたけたお殿様《とのさま》～

マアちゃんとお父さんは島根県庁前庭の「松平《まつだいら》直政《なおまさ》」銅像《どうぞう》の前へやってきました。お父さんは、松江藩主《はんしゅ》松平家《まつだいらけ》初代《しょだい》直政《なおまさ》から十代定安《さだやす》まで説明を始めようと、大きなカバンの中から、5冊の本を取り出しました。『島根県歴史人物事典《れきしじんぶつじてん》』(平成9年山陰中央新報社発行)『松江藩格式《かくしき》と職制《しょくせい》』(平成9年中原健次著)『松江市誌』(昭和32年発行)『月照《げっしょう》寺《じ》』(昭和62年月照寺興隆会発行)そして『松江藩主《はんしゅ》松平直政《まつだいらなおまさ》の生涯《しょうがい》』(平成28年松江歴史館発行)です。

「直政《なおまさ》は将軍徳川家康《いえやす》の二男の越前中納言秀康《えちぜんちゅうなごんひでやす》といわれた結城秀康《ゆうきひでやす》の三男。お母さんは三谷長基《みたにながもと》の娘《むすめ》で、”駒《こま》“と言い、もとは秀康《ひでやす》の侍女《じじょ》だった。亡くなったのち”月照院《げっしょういん》“と言われた。」

「あれ!!外中原《そとなかばら》町の月照寺《げっしょうじ》は、この月照院《げっしょういん》と名前が同じだけど。」

「よく気がついたね。実は、直政《なおまさ》は、亡くなったお母さんをとむらうために、あの場所にお寺をつくってくれるように、と言い残《のこ》したからだそうだ。」

島根県庁前庭にある松平直政《まつだいらなおまさ》の銅像《どうぞう》

「へぇー、そうだったのか。それじゃ、あとで月照寺《げっしょうじ》にも行ってみようね。お父さん。」

「わかったよマアちゃん。じゃあ話を続けよう。」

「さて、お母さんは、お父さんの領地《りょうち》北ノ庄《きたのしょう》（福井県）へ行く途中、慶長《けいちょう》6年（1601）8月5日近江国《おうみ》（滋賀県）伊香郡《いか》中河内《なかのかわち》（長浜市・北国街道《ほっこくかいどう》沿いの山間の集落）で直政《なおまさ》を産《う》んだんだよ。」

松平直政《なおまさ》が生まれた江戸時代の中河内宿《なかのかわちしゅく》
山水真写（中河内宿図）　滋賀・市立長浜城歴史博物館　原本所蔵
松江歴史館発行「松江藩主松平直政の生涯」より

直政《なおまさ》の幼名《ようみょう》は中河内《なかのかわち》で生まれたから河内麿《かわちまろ》、越前《えちぜん》国（福井県）に入国したのち国麿《くにまろ》（国丸《くにまる》）になった。お父さんの結城秀康《ゆうきひでやす》は慶長《けいちょう》12年（1607）34歳で亡《な》くなった。

「まだ直政《なおまさ》が7歳の時だねえ。若死《わかじ》にだなあ。」

「慶長《けいちょう》16年（1611）11歳の時、一番上のお兄さん、忠直《ただなお》の計《はか》らいで京都二条《にじょう》城で、祖父の徳川家康《いえやす》とおじさん（叔父《おじ》）の将軍徳川秀忠《ひでただ》に初めてお目にかかったそうだ。」

「やがて慶長《けいちょう》18年（1613）”ほうそう“という病気が治ると、それを喜んだ忠直《ただなお》から、諱《いみな》（名前）の一字”直“と、甲冑《かっちゅう》（甲《かぶと》と冑《よろい》）をいただいて、これ以後”出羽介《でわのすけ》直政《なおまさ》“と名乗ったそうだよ。」

「”出羽守《でわのかみ》“になる前は、”出羽介《でわのすけ》“だったんだね。」

「直政《なおまさ》は幼い頃から、頭が良くて、9歳の時から、越前福井の霊泉寺《れいせんじ》のお坊さん河南宗徹《かなんそうてつ》に学問を学んだ。のちに、この河南《かなん》との約束で、弟子《でし》の東愚等持《とうぐとうじ》を招いて、"天倫寺《てんりんじ》"(松江市堂形《どうがた》町)を建てたんだ。」

「へえー、天倫寺《てんりんじ》は直政《なおまさ》が建てたのか。初めて知ったよ。」

「翌年、慶長《けいちょう》19年(1614)大坂冬の陣《じん》の時、14歳で初めて出陣《しゅつじん》した。」

「いよいよ初陣《ういじん》だね。お父さんはもう亡《な》くなっているし、お母さんは心配だったろうね。」

「マアちゃん、戦場へ出発する直前に、お母さんから、こんな風に言って激励《げきれい》されたんだよ。」

お父さんはぐっとツバを飲み込んで、強い口調《くちょう》で言いました。

「戦陣にて、勇《ゆう》なきは孝《こう》にあらざるなし。」

「どういうことなの?」

「つまり戦《いく》さの場で勇気を出して戦わないのは、親孝行にはならない。命《いのち》をおしまないで戦いなさい。

とお母さんは息子《むすこ》の直政《なおまさ》をふるい立たせたんだよ。」

「へえー、ぼくだったら、どうか無事で帰ってきておくれ、とでも言いたいところなのに。すごいお母さんだね。」

「そしてすかさずお母さんは、白い布に"たらい"をのせ、その輪《りん》かくを墨《すみ》をつけた筆《ふで》でなぞって、円形を描いた。そして、これを馬印《うまじるし》つまり戦陣で直政《なおまさ》の乗る馬のそばに立てる目印の旗《はた》にして持たせたんだ。」

「すごい。武将《ぶしょう》の母として、わが子に対し、そこまで強い態度《たいど》をとるとはねえ。」

マアちゃんは感心した表情で聞いています。

「その母の思いを受けた直政《なおまさ》は、すごくがんばったんだ。『藩祖御事《はんそごじ》蹟《せき》』という資料によれば、直政《なおまさ》は従者《じゅうしゃ》(そばに、

松江藩の馬印《うまじるし》
馬印　紺地白餅
松江歴史館所蔵（雨森清矩氏旧蔵）
松江歴史館発行「松江藩主松平直政の生涯」より

直政《なおまさ》の母が描いた九曜馬印《くようまじるし》
麻地《あさじ》九曜紋馬幟《くようもんうまのぼり》　松江歴史館所蔵
松江歴史館発行「松江藩主松平直政の生涯」より

従っている家来）天方通総《あまかたみちふさ》とたった二人で敵の大坂城の出丸《でまる》、真田丸《さなだまる》に突進《とっしん》したんだよ。」

「えっ、平成28年（2016）のNHK大河ドラマの「真《さな》田丸《だまる》」なの？あの豊臣《とよとみ》方真田信繁《のぶしげ》（幸村《ゆきむら》）が大将として指揮《しき》している“とりで”を？」

「そうだよ。真田信繁《のぶしげ》は、その直政《なおまさ》の勇ましい姿に感動して、“あっぱれ!!”直政《なおまさ》の勇気と天方《あまかた》の忠義《ちゅうぎ》をほめたたえて、櫓《やぐら》の上から二人めがけて軍扇《ぐんせん》（大将が指揮をとる時に使う扇《おうぎ》）を投げ与えたんだよ。」

「思い出した。その言い伝えの

真田幸村が、松平直政に与えた軍扇
伝《でん》真田《さなだ》幸村《ゆきむら》軍扇《ぐんせん》　松江神社所蔵
松江歴史館発行「雲州松江の歴史をひもとく」より

真田丸《さなだまる》を攻める松平直政《なおまさ》の初陣《ういじん》

松平直政初陣図　松江市蔵

松江歴史館発行「雲州松江の歴史をひもとく」より

大坂冬の陣《じん》の時、
14歳で初めて出陣《しゅつじん》した
直政《なおまさ》だね。
ぼくとあまり年が
変わらないなんて
すごいよ。

〝軍扇《ぐんせん》〟のレプリカが、松江歴史館に展示してあったよ。」

「のちに七代藩主松平治郷《はるさと》(不味《ふまい》)は、①投げ与えられたものか。②その後、信繁《のぶしげ》(幸村《ゆきむら》)の兄の真田家から贈られたものかと、記しているよ。②の可能性が高いかもしれないね。」

「それから、もう一つ松江歴史館所蔵品で重要な絵図を紹介しよう。平成28年(2016)に新発見されたんだよ。」

「新聞で大きく報道《ほうどう》されたから、ぼくも知っているよ。その〝真田丸《さなだまる》〟だね。」

「この絵図は包み紙から1690年頃に描かれたもので、真田丸《さなだまる》を最も詳《くわ》しく表現している。だから東西220m南北280mもある、独立した出城《でじろ》だということがわかったんだ。」

「北側に〝出丸《でまる》〟と書いてあるね。南に〝惣構堀《そうがまえぼり》〟もあるよ。」

「それは真田丸《さなだまる》の一番外側の堀なんだ。」

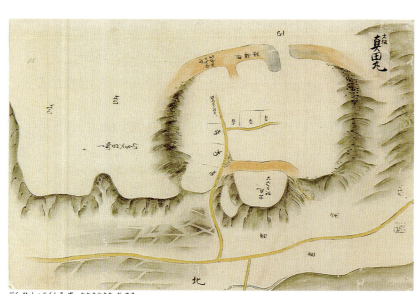

極秘諸国城図《ごくひしょこくしろず》 大坂真田丸《おおさかさなだまる》

松江歴史館所蔵

2 いよいよ松江城のお殿様に

「こうして直政《なおまさ》は一人前の武将《ぶしょう》そして大名になっていく。どんどん石高《こくだか》の高いお殿様になっていくんだよ。」

「まず大坂夏の陣《じん》の翌年、元和《げんな》2年(1616)16歳の時、兄、忠直《ただなお》から越前《えちぜん》国(福井県)大野郡木本《きのもと》1万石を分けていただく。元和《げんな》4年(1618)には〝従五位《じゅごい》下《げ》出羽守《でわのかみ》〟に任命された。」

「〝介《すけ》〟から〝守《かみ》〟になったね。」

「元和《げんな》5年(1619)12月には幕府から上総国《かずさのくに》(千葉県)海北郡姉ケ崎《あねがさき》(市原市)1万石。寛永《かんえい》元年(1624)越前《えちぜん》国(福井県)大野《おおの》郡大野《おおの》城5万石。とうとう城持《しろも》ち大名に出世(ここで9年間)。そして寛永《かんえい》5年(1628)7月23日、28歳で松平甲斐守忠良《かいのかみただよし》(本姓久松氏)の娘、〝国《くに》〟と結婚。二人の間に、長男綱隆《つなたか》(直政《なおまさ》の跡をつぎ、二代藩主となる)と二男近栄《ちかよし》(直政《なおまさ》の死後、広瀬《ひろせ》藩の初代藩主となる)が誕生することになる。なお三男は母里《もり》藩《はん》初代藩主となる隆政《たかまさ》だけど、お母さんはちがって長谷《はせ》氏の娘なんだよ。」

「ふーん、そうなのか。」

「寛永《かんえい》10年(1633)には、さらに信濃《しなの》国(長野県)松本城7万石のお殿様に(5年間)。そして、ついに寛永《かんえい》15年(1638)2月11日、出雲国18万6000石と隠岐国1万4000石預《あず》りの国持《くにもち》大名となられた。直政《なおまさ》が38歳の時で、三代将軍徳川家光《いえみつ》

松本城
松江歴史館発行「松江藩主松平直政の生涯」より

から、直接言い渡されたそうだよ。その理由は①外様《とざま》大名(関ヶ原の戦いの後に、豊臣方から徳川方になった大名)しかいない中国地方へ、徳川家の親せきの松平直政《なおまさ》を送りこめば、安心だからね。②周防《すおう》・長門《ながと》(今の山口県)を領地とする毛利家《もうりけ》当主、毛利秀就《ひでなり》の奥さん(正妻)が直政《なおまさ》のお姉さんだった。直政《なおまさ》に、毛利家《もうりけ》の相談役をしてほしかったからだ。そして4月13日に、出雲国松江城に入ってこられた。」

「へぇー、そういう途中経過《とちゅうけいか》があって松江藩主松平家初代のお殿様になられたわけか。ご家来の人数はどれくらいだったの？」

「〝藩士〟という身分のご家来は、松平家初期では531名。200石以上の家来はその中の280名くらいだったそうだ。中には堀尾《ほりお》家から京極《きょうごく》家そして松平家へと続けてやとわれた人たちもいたんだね。」

「では、お殿様として直政《なおまさ》はどういう政治をされたのか教えてほしいなぁ。」

「そうだね、一言《ひとこと》でいえば直政《なおまさ》は、わずか3年で終わった京極忠高《きょうごくただたか》の政治、たとえば伯太《はくた》川と斐伊《ひい》川の若狭《わかさ》土手の完成(安来市大塚町の大塚両大神社の棟札《むなふだ》によれば京極《きょうごく》氏が去《さ》った直後1639年に完成)など治水《ちすい》工事や菱根新田《ひしねしんでん》の完成。さらに天神《てんじん》川から南の城下町づくりや国の中の整備など、忠高《ただたか》の方針をうまく引き継いで、その上に松平家時代の基礎《きそ》をがっちりと固められた、とても功績《こうせき》のあるお殿様だったね。」

「だから県庁前に銅像が建てられたんだね。じゃあ、ここからもう少し具体的に教えてちょうだい。」

「まずは寛永《かんえい》16年(1639)“御直書《おじきしょ》”という6か条の政治方針を家老級の家臣にむけて出した。①豊かな国をめざす ②“ぜいたく”の風習を禁止 ③欲《よく》を出して勝手なふるまいをすることは法律《ほうりつ》で正《ただ》す ④収入と支出のバランスをとる ⑤役人は人物を知った上で、信用して任せる ⑥法律は細かくせず大ざっぱに定めて、上《うえ》の役人が手本を示すように。」

「家老たちは、直政《なおまさ》の方針に従って、実際の政治をしていくんだね。」

「また直政《なおまさ》は、六つの家老家 ①乙部《おとべ》5000石 ②朝日《あさひ》7000石 ③三谷《みたに》3700石 ④神谷《かみや》3770石 ⑤柳多《やなぎだ》1300石 ⑥大橋6000石を“代々《だいだい》家老”(代が替《か》わっても、ずっと家老家)にして、三谷半太夫《はんだゆう》(吉長《よしなが》)を城代《じょうだい》(殿様の留守《るす》に、城を守る責任者)に任命した。これらはどれもそれまで直政《なおまさ》に忠実に仕えて、功績をあげた家臣だね。」

「たくさんの石高《こくだか》(給料)をいただいたね。」

「その代わり、いざ戦いとなったらその石高《こくだか》に応じて、幟《のぼり》(細長い旗《はた》)、弓、鉄砲《てっぽう》、馬に乗った騎《き》馬兵《ばへい》の数が、割り当てられるからね。」

「それから“仕置役《しおきやく》”あるいは、“当職《とうしょく》”といって、実際に藩の政治を行う上で、一番上の地位を最初は、乙部《おとべ》と神谷《かみや》2人の家老に任せたらしい。」

現在の若狭土手《わかさどて》(出雲市武志《たけし》町) 松江歴史館発行「松江創世記松江藩主京極忠高の挑戦」より

3 直政《なおまさ》は農業第一主義 ～松平検地《まつだいらけんち》～

「ではお父さん、直政《なおまさ》は国を豊かにするために例えばどんなことをしたの？」

「まず、農業を盛んにすることだね。“農《のう》ハ《は》国ノ《の》本《もと》ニ《に》シ《し》テ《て》、イ《い》ト《と》タウ《とう》ト《と》キ《き》モ《も》ノ《の》也《なり》“つまり、“農業は国の基礎《きそ》・土台《どだい》だから、大変価値《かち》がある“と町《まち》奉行《ぶぎょう》への触書《ふれがき》に書いているように、直政《なおまさ》は農業第一主義だったんだ。」

「どうして、そう考えたの？」

「農業が盛んになって、収穫《しゅうかく》量が増《ふ》えれば、それほど年貢《ねんぐ》(税《ぜい》)つまり収入も増えるね。藩の収入が増えると政治がやりやすくなるでしょう。」

「なるほど、そうか。そうするとお百姓《ひゃくしょう》さんから取り立てる年貢《ねんぐ》がポイントになるね。」

「そこで、百姓《ひゃくしょう》からの年貢《ねんぐ》(税《ぜい》)を確実に、なるべく多く取り立てるための方法を考えたんだ。考え出したのは、岸崎左久次《きしざきさきゅうじ》という家臣。“地方《じかた》の法“(田池の法)という法律を定めた。これによって水田の面積《めんせき》や耕作《こうさく》者の調査、つまり“検地《けんち》“をしたんだ。」

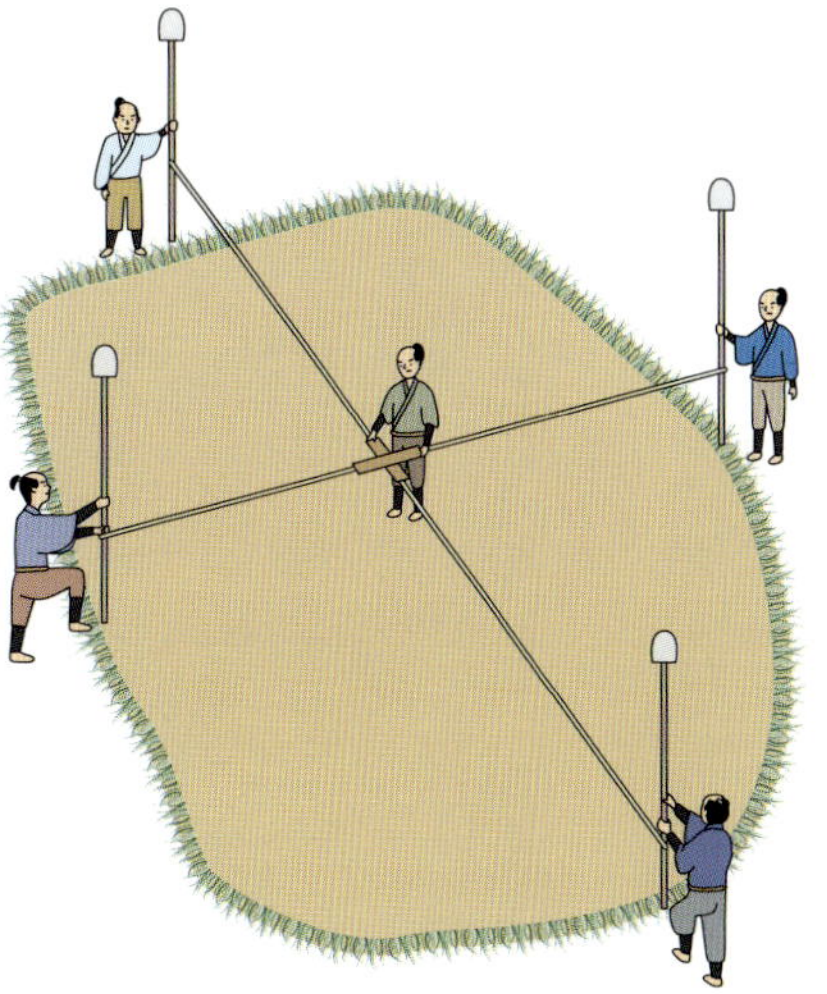

検地《けんち》の様子

「それはお百姓《ひゃくしょう》にとって不利《ふり》なものだろうね。」

「そうだよ。今まで使用していた水田の面積《めんせき》を測《はか》る単位〝竿高《さおだか》〟を2割増しにする。」

「えっ、長さが1.2倍になるということは、面積《めんせき》が広くなって、それほど税は増えるね。」

「そう、この直政《なおまさ》の時代の検地《けんち》を〝松平検地《まつだいらけんち》〟と言うそうだ。」

「豊臣秀吉《ひでよし》の〝太閤検地《たいこうけんち》〟みたいだね。」

「〝松平検地《けんち》〟では、さらに税収《ぜいしゅう》を増やすために、水田の〝良《よ》し悪《あ》し〟を〝上々、上、中、下、下々〟の5ランクに分けて、そのランクごとに、〝反《たん》当り分《わけ》米高《まいだか》(上納米《じょうのうまい》)〟つまり面積一反《めんせきいったん》(約10アール、100平方メートル)あたり税として差し出す米の量を決めた。」

「そのおかげで、松江藩の経済《けいざい》の土台《どだい》は直政《なおまさ》のころ築かれたんだよ。」

「へえー、そうだったのか。」

「農村の役人の制度もできたよ。〝郡奉行《こおりぶぎょう》〟と〝代官〟の下に、百姓《ひゃくしょう》の代表として各々の郡《こおり》ごとに〝下郡《したごおり》〟(郡のナンバーワン)〝与頭《くみがしら》〟(そのサポート役)村ごとに庄屋《しょうや》(村長《そんちょう》)だね。」

「町のお役人は?」

「〝町奉行《ぶぎょう》〟をトップに、その下に〝同心《どうしん》〟という部下を置いた。」

「テレビの時代劇《げき》にも登場するね。」

「直政《なおまさ》は、そのほか、神社や寺に対して領地《りょうち》を寄進《きしん》あるいは建物を新築したり、斐伊《ひい》川流域出雲平野の開拓や、周藤弥兵衛《すとうやへえ》で有名な松江市八雲《やくも》町日吉《ひよし》の〝意宇《いう》川川違《かわたが》え〟と〝切通《きりどお》し〟という治水《ちすい》工事にもとりかかった。慶安《けいあん》3年(1650)のことだったね。」

「ぼくも4年生の社会科で勉強したから知っているよ。」

「その一方で当然のことだけど、家臣に対し文《ぶん》日吉《ひよし》の意宇《いう》川の「切通《きりどお》し」

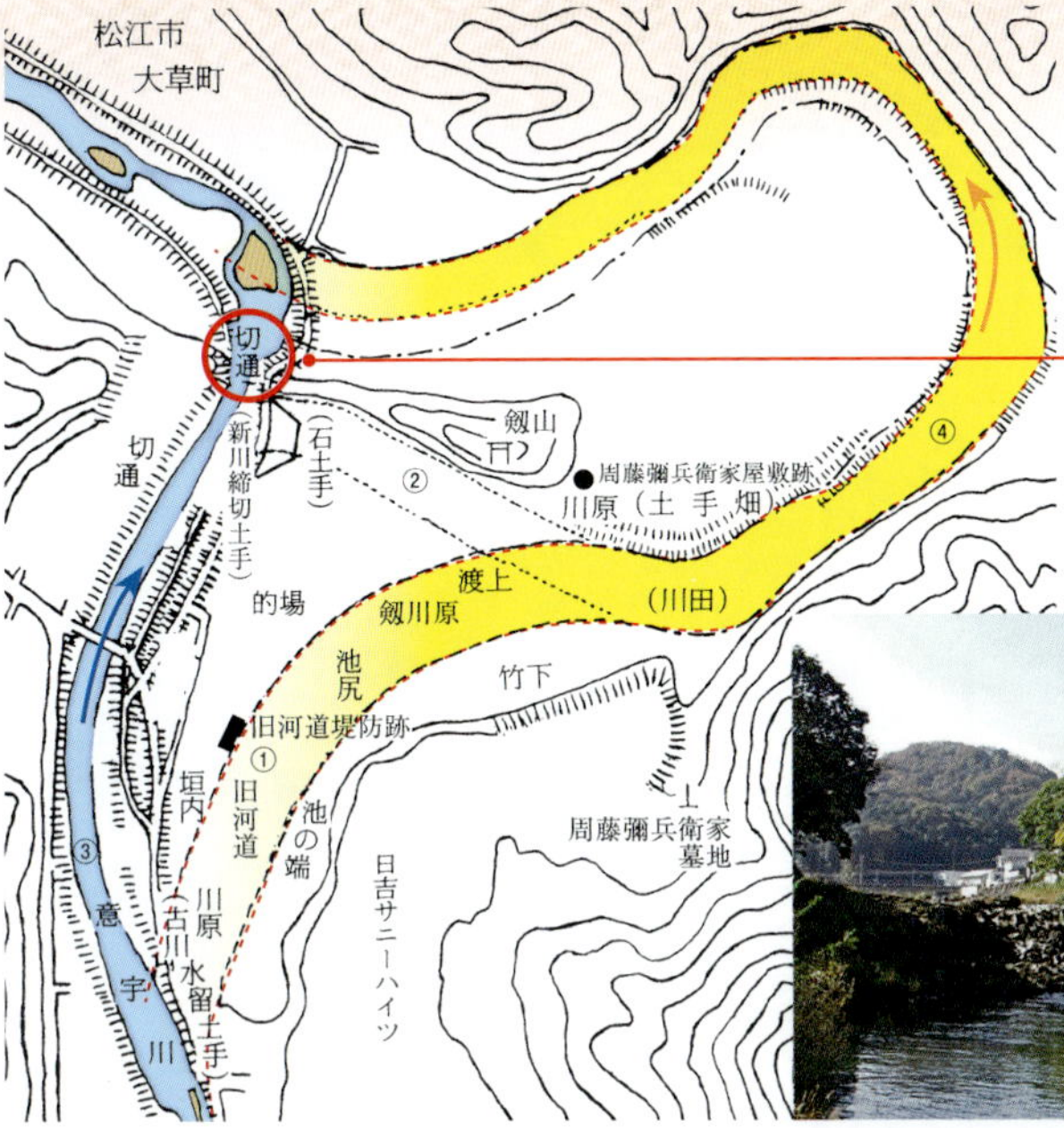

武《ぶ》（学問と武芸）も奨励《しょうれい》していた。」

「直政《なおまさ》の行った政治の成果は上がったの？」

「そうだね。寛永《かんえい》16年（1639）の〝御成稼《おなりか》〟つまり〝田畑から上がる税収入〟の記録によれば出雲国10郡388村で税収は25万3597石」

「あれ、6万8000石も多いよ。松平家の時代は18万6000石だったはずなのに？」

「うん。それは表面上の〝表高《おもてだか》〟と言ってね。その差は〝内高《うちだか》〟とか〝内証高《ないしょだか》〟と言うんだ。

「なるほど幕府に対して〝ないしょ〟で収入にする。」

「これだけ大きな差ができたのは、やはり農業生産力が直政《なおまさ》のねらい通りにアップしたんだね。さすがだね。」マアちゃんは驚《おどろ》きの表情です。

「ところで、松江の城下町はどんな様子になっていたの、そのころ？」

「江戸幕府が正保《しょうほう》元年（1644）全国の大名に命令し

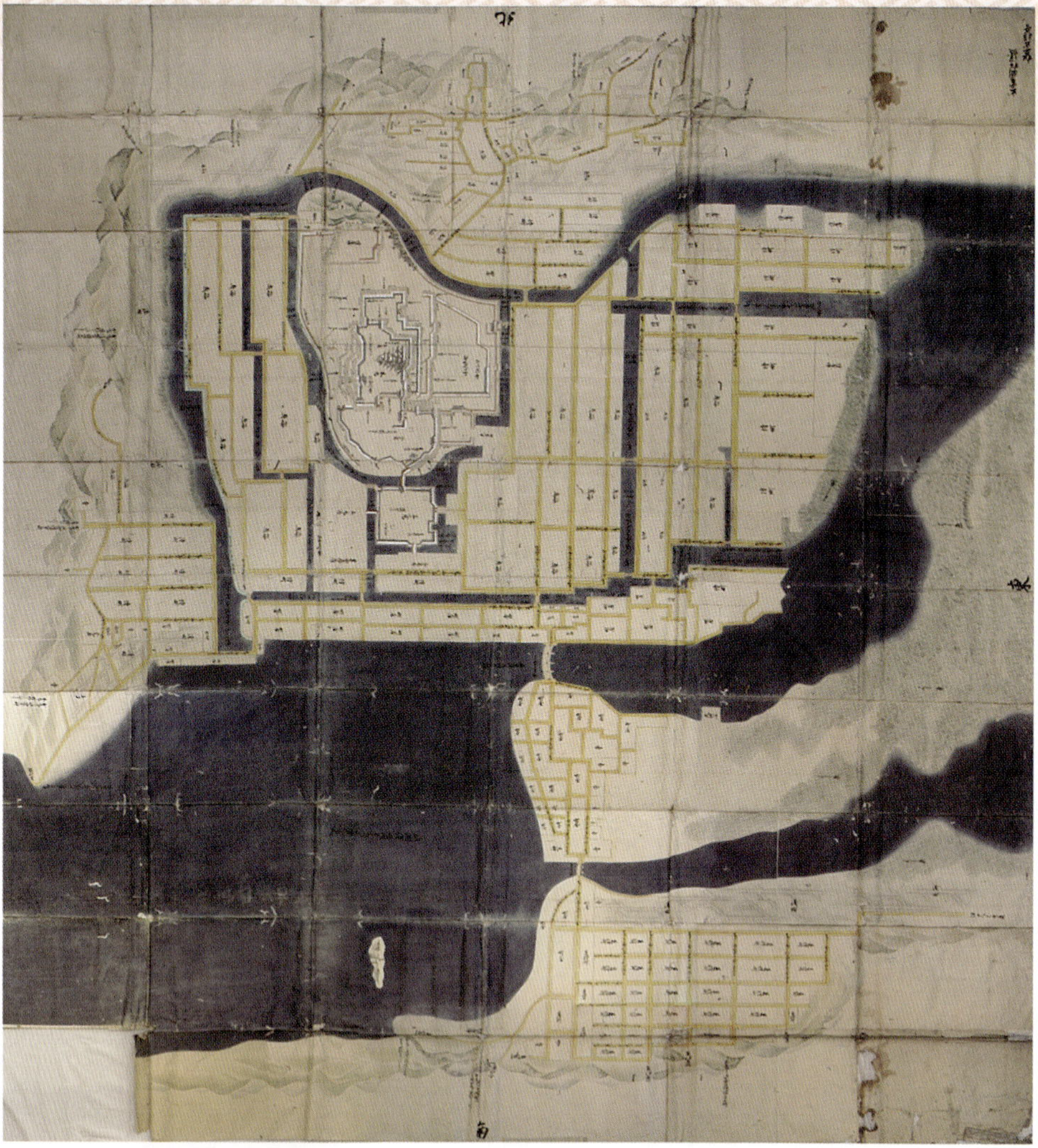

松平直政期の松江城とその城下

松江城正保年間絵図　乙部正人氏所蔵（松江歴史館寄託）

松江歴史館発行「松江藩主松平直政の生涯」より

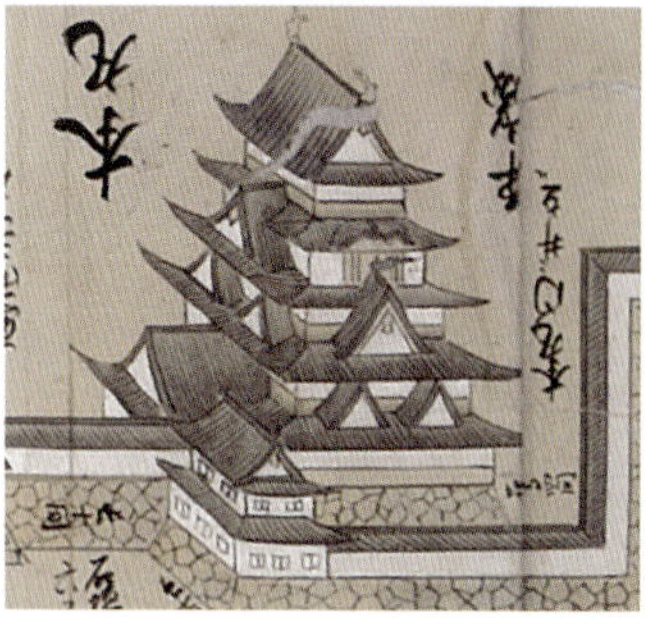

天守部分

て、作らせた城下町の絵図〝出雲国松江城下絵図〟これだよ。」

お父さんはカバンの中からその絵図が載《の》っている資料を出して見せました。

「やっぱり堀尾《ほりお》時代、京極《きょうごく》時代とは少し変わってきたねえ。城地の周辺と京橋《きょうばし》川を石垣で護岸《ごがん》したね。足軽衆《あしがるしゅう》が集まった雑賀《さいか》町もできているね。今の東本《ひがしほん》町が町人の住む所になって、防衛《ぼうえい》の形がなくなったね。それに石橋町もできているね。城下町としてずいぶん発達したね。でも内堀《うちぼり》の幅と深さが書いてあるけど、これまでより狭《せま》く浅《あさ》い堀になったねえ。」

「マアちゃん、一番注目すべきは松江城天守だよ。天守の姿《すがた》を知ることができる最古の絵図だけど、今とはかなりちがっている。①白い壁《かべ》②破風《はふ》の数がひょっとして、築城当時はこの姿だったのではないかという説もあるんだ。」

「うわー、これまたびっくりだー!!」

「とにかく、今後の研究課題だね。」

「楽しみだね。」

「ところでマアちゃん、この正保《しょうほう》の絵図のように松江藩に対して幕府から命令されることがほかにもいろいろあったんだよ。例えば寛永《かんえい》16年（1639）の〝軍役《ぐんやく》〟。藩主の石高《こくだか》1500石につき、幟《のぼり》1本、鉄《てっ》砲《ぽう》5挺《ちょう》、長柄《ながえ》（槍《やり》）5本、馬1騎《き》を準備しなくてはならなかった。」

「松江藩は18万6000石だから、その124倍。鉄砲《てっぽう》620挺《ちょう》、馬124頭にもなって、大変だったねえ。」

「大変だったことは、まだまだあるよ。京極《きょうごく》氏の時、将軍家光の命令で始まった事業の続きとなった日御碕《ひのみさき》神社（出雲市大社町）遷宮《せんぐう》が着手して10年後、やっと寛永《かんえい》21年（1644）に完成。今も残る社殿12棟《むね》と2基《き》の鳥居《とりい》は重要文化財だよ。」

「同じ年、松江の白潟《しらかた》（今の伊勢宮町）に伊勢《いせ》両宮（伊勢《いせ》宮）を建てた。直政《なおまさ》は参勤交代の時、伊勢《いせ》神宮へ参拝したそうだ。」

「万治《まんじ》元年（1658）には隠岐の海士《あま》町にある後鳥羽《ごとば》

▲徳川家光が、日御碕《ひのみさき》神社の遷宮《せんぐう》を記念して寄進《きしん》した甲冑《かっちゅう》　日御碕神社所蔵
松江歴史館発行「松江藩主松平直政の生涯」より

日御碕《ひのみさき》神社の全景▲
松江歴史館発行「松江藩主松平直政の生涯」より

上皇《じょうこう》の山陵《さんりょう》（墓《はか》）の修理。寛文《かんぶん》2年（1662）には、幕府から杵築《きづき》大社（出雲大社）の造営《ぞうえい》の命令。寛文《かんぶん》7年（1667）に完成させた。それまで境内《けいだい》にあった三重塔《とう》などお寺のような建物をなくしたんだ。寛文《かんぶん》3年（1663）霊元《れいげん》天皇即位の儀式には、将軍の代理として京都の御所《ごしょ》まで、3000人もの行列でお祝いに行った。」

「費用がかかって大変だったろうねえ。」

「その代わり霊元《れいげん》天皇から盃《さかずき》"天盃《てんはい》"と"御太《おんた》刀《ち》"をいただき、"左近衛権少将従四位《さこのえごんのしょうしょうじゅしい》"に任命していただいたのは、うれしいことだったね。」（松平家では、天皇即位の時、将軍の代理をつとめたのは、直政《なおまさ》以外に六代宗衍《むねのぶ》と九代斉貴《なりたけ》の3回だけ）

「とにかく、松平家最初のお殿様だったから大変苦労されたことが想像できるよ。」

「直政《なおまさ》は後《のち》の時代のことをよく考えていた。それはすぐれた人材を育てることなんだ。例えば、

出雲大社本殿《ほんでん》付近

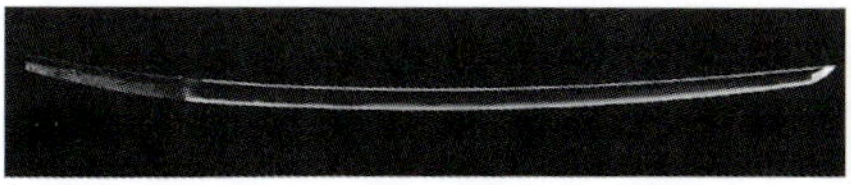

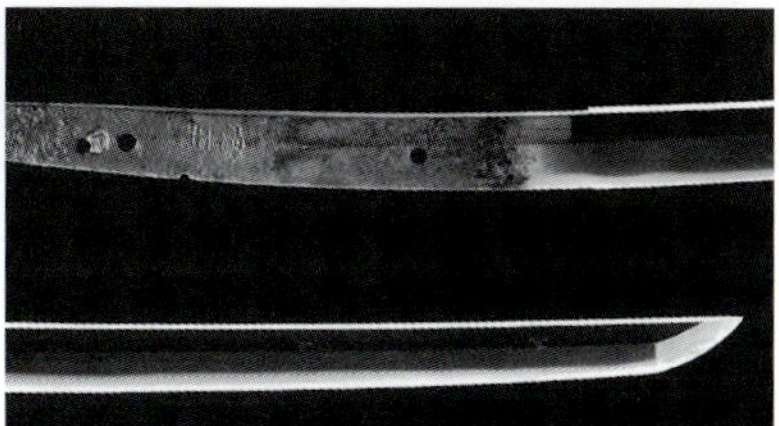

霊元《れいげん》天皇からいただいた御太刀《おんたち》「包平《かねひら》」

松江歴史館所蔵

松江歴史館発行「松江藩主松平直政の生涯」より

出雲入国の2年後、藩の政治のサポートとわが子、久松丸（2代藩主綱隆《つなたか》）の教育のため、幕府の学者林羅山《らざん》が推《すい》せんした黒澤石斎《くろさわせきさい》という学者を松江藩に迎えた。石斎《せきさい》は藩主の"年譜《ねんぷ》"（年ごとの記録）や地誌《ちし》（出雲地方の土地の様子や歴史を書いた本）"懐橘談《かいきつだん》"を編《へん》さん。藩士の功績《こうせき》の記録"列士録《れっしろく》"も作り始めた。

次に、参勤交代の時、直政《なおまさ》が江戸にいる時は、息子綱隆《つなたか》を出雲国におき、逆に直政《なおまさ》が出雲へ帰る時は、綱隆《つなたか》を江戸においた。それは53歳という高齢になって、初めて出雲へ入国した直政《なおまさ》（38歳）としては、近い将来、スムーズに代替《だいが》わりできるようにしたかったんだね。」

黒澤石斎《くろさわせきさい》肖像画　黒澤保夫氏所蔵（松江歴史館寄託）
松江歴史館発行「松江藩主松平直政の生涯」より

「なるほどねえ。」

「それから、松本城を修理した大工、竹内宇兵《うへ》衛《え》を松江藩の大工頭《だいくがしら》に、広島城の福島正則《まさのり》に仕えていた大橋茂右衛門《もえもん》を松江藩の家老に採用したんだ。」

「プロ野球選手のスカウトみたいだね。」

「国宝の松本城と松江城の両方に住んだ直政《なおまさ》はやがて寛文《かんぶん》6年（1666）2月3日、江戸赤坂《あかさか》の藩邸《はんてい》（藩の屋敷《やしき》）で亡《な》くなられた。66歳。死後の法名《ほうみょう》は高《こう》真院《しんいん》。ふだんから「よき子ありて跡《あと》に思ひ（い）残す事《こと》なければ、遺言《ゆいごん》し置《お》くべき事《こと》なし」と言っておられたから、遺言《ゆいごん》はなかったそうだ。一か月後の3月3日、月照寺《げっしょう》に葬《ほうむ》られたよ。藩主になられてからの在位《ざいい》は28年だった。」

「28年もよくつとめられたね。りっぱなお殿様だったね。」マアちゃんは実に感心した表情で述べました。

「マアちゃん、もう一つ直政《なおまさ》の時代に始まったことがあるので付け加えておくよ。それは〝ホーランエンヤ〟だよ。」

月照寺《げっしょうじ》にある直政《なおまさ》の廟所《びょうしょ》(墓所《ぼしょ》)

「お父さん、ぼくは今から2019年5月に予定されているホーランエンヤが待ち遠しいよ。何と言っても、あの豪華《ごうか》さ、美しさそして力強さはたまらないなあ。」
「ホーランエンヤは正式には〝松江城山稲荷《じょうざんいなり》神社式年神幸祭《しきねんしんこうさい》〟と言うんだ。松江城内にある城山《じょうざん》稲荷《いなり》神社の御神霊《ごしんれい》(神様)を約10km離れた東出雲町の阿太加夜《あだかや》神社まで船で運び、7日間にわたって、出雲国内の豊作や人々の幸せを祈って、また帰ってくるという船神事《ふなしんじ》なんだ。10年に1度、大橋川と意宇《いう》川を舞台《ぶたい》に約100隻《せき》の船が行列をつくる。延々と1kmの長さになる大船団《せんだん》だよ。〝日本最大級の船神事《ふなしんじ》〟と言われるくらいの大きなスケールなんだ。」
「いつ頃から始まったの?」
「慶安《けいあん》元年(1648)、出雲国内は天候不良で大凶作《きょうさく》(米など作物がたくさんとれない)になった。これに心を痛めた松江藩主・松平直政《なおまさ》は、城山稲荷《じょうざんいなり》神社の神主《かんぬし》を兼務《けんむ》し、祈《いの》りをかなえる力があると有名だった阿太加夜《あだかや》神社の神主《かんぬし》のもとに、城山稲荷《じょうざんいなり》神社の御神霊《ごしんれい》を船で運んで、豊作になるよう祈らせたんだ。これがはじまりだよ。」

「やがて文化5年(1808)のこと、御神霊《ごしんれい》(神様)の乗った神輿船《みこしぶね》が激《はげ》しい風雨で危険になったのを、馬潟《まかた》村の漁師が助け船を出して無事阿太加夜《あだかや》神社まで送り届けた。これがきっかけで以後、櫂伝馬《かいでんま》船《せん》が神様の船にお供《とも》し、つまり御輿船《みこしぶね》の「ひき船」として先導《せんどう》する形で加わることになったんだ。その後、馬潟《まかた》に続いて矢田《やだ》、大井《おおい》、福富《ふくとみ》、大海崎《おおみざき》の4地区が参加するようになった。」

「それで〝五大地《ごだいち》〟と呼ぶんだね。」

「また参加した順に一番船《いちばんせん》から五番船《ごばんせん》が決められているよ。」

「なるほど。じゃあ、ホーランエンヤというおもしろい呼び名は?」

「これは櫂伝馬船《かいでんません》のこぎ手が、調子を合わせるための〝ホーランエンヤ〟という、うたいかけ合いの言葉からできた船唄《ふなうた》の名前のようだね。」

松平直政《なおまさ》肖像画　松江歴史館所蔵
松江歴史館発行「松江藩主松平直政の生涯」より

2009年に行われたホーランエンヤ

城山稲荷神社《じょうざんいなり》

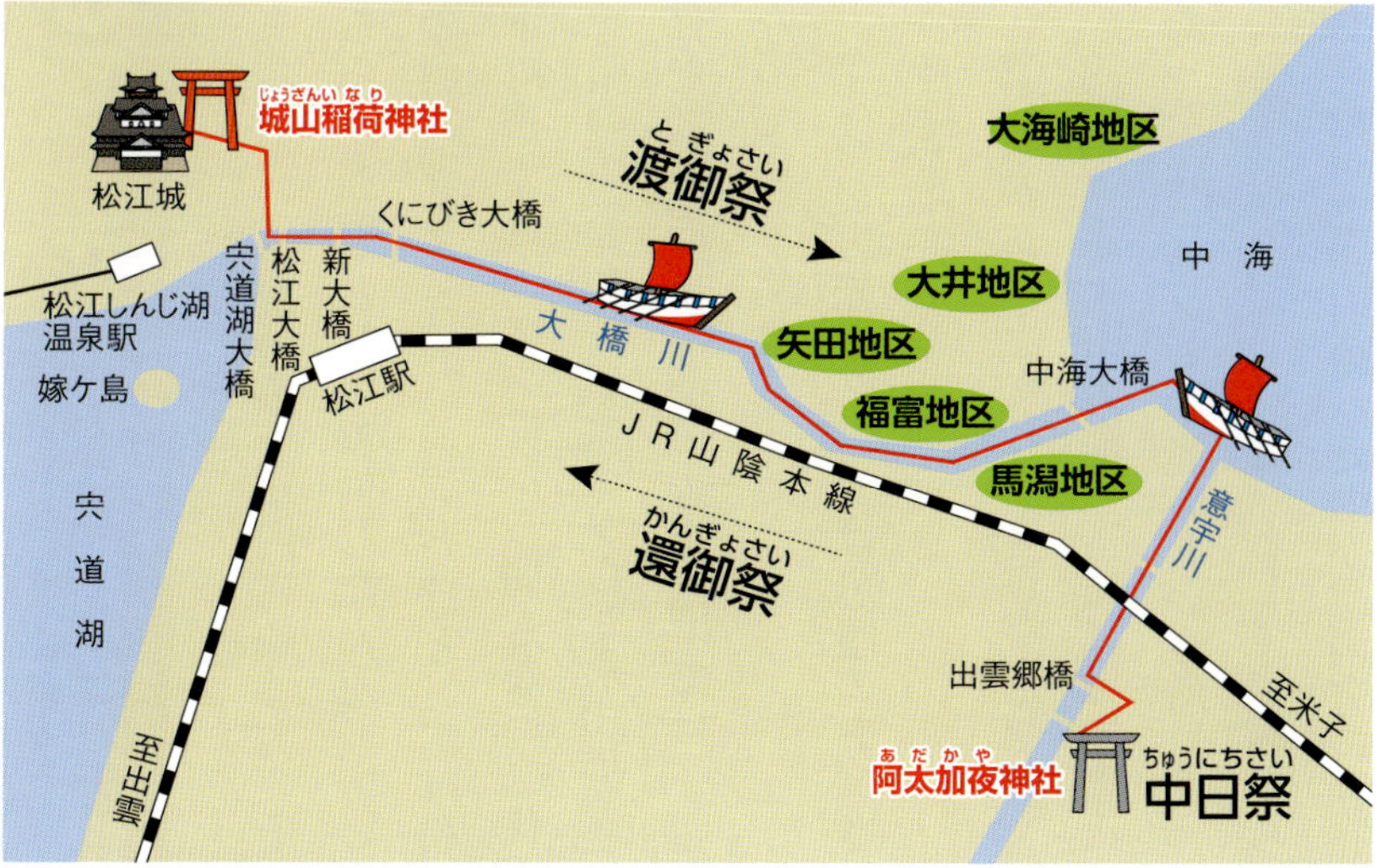

ホーランエンヤ順路

城山稲荷《じょうざんいなり》神社の御神霊《ごしんれい》(神様)を約10km離れた東出雲町の阿太加夜《あだかや》神社まで船で運び、7日間にわたって出雲国内の豊作や人々の幸せを祈ってまた帰ってくる。

4 第二代　綱隆《つなたか》 ～文人《ぶんじん》として、きわだったお殿様～

マアちゃんとお父さんは、松江市外中原町《そとなかばら》の月《げっ》照寺《しょうじ》へやって来ました。ここからは、『雲州《うんしゅう》松江藩主菩提寺月照寺《ぼだいじげっしょうじ》』（昭和62年月照寺《げっしょうじ》興隆会発行）と石井悠氏作成『平成25年度城北《じょうほく》公民館歴史講座《こうざ》』資料もカバンの中から取り出して使います。

「松江藩主松平家第二代綱隆《つなたか》は、父、直政《なおまさ》の遺言《ゆいごん》に従《したが》って、この月照《げっしょう》寺《じ》を松平家の〝藩主菩提寺《ぼだいじ》〟（藩主の墓を境内《けいだい》につくってその霊《れい》をとむらうお寺）として整備したんだ。もともと禅宗《ぜんしゅう》の洞雲寺《とううんじ》というお寺だったけど、実は松江城と城下町ができ上がってから間もない二代藩主堀尾《ほりお》忠晴《ただはる》の頃（元和《げんな》6年（1620）から寛永《かんえい》10年（1633））に描かれた『堀尾《ほりお》期松江城下町絵図』では、〝忠光寺《ちゅうこうじ》〟になっているんだ。」

月照寺《げっしょうじ》正面入り口

「えっ、忠光寺《ちゅうこうじ》といえば忠晴《ただはる》のお父さん、忠氏《ただうじ》の菩提寺《ぼだいじ》なの？」

「お墓があったかどうかはわからないけどね。」

「確か、安来市広瀬《ひろせ》町富田《とだ》に堀尾《ほりお》忠氏《ただうじ》のお墓があったね。地名も中光寺《ちゅうこうじ》という所にあったね。」

「そうなんだ。ひょっとして広瀬《ひろせ》から、松江へお寺やお墓が引越したのか、両方に存在している

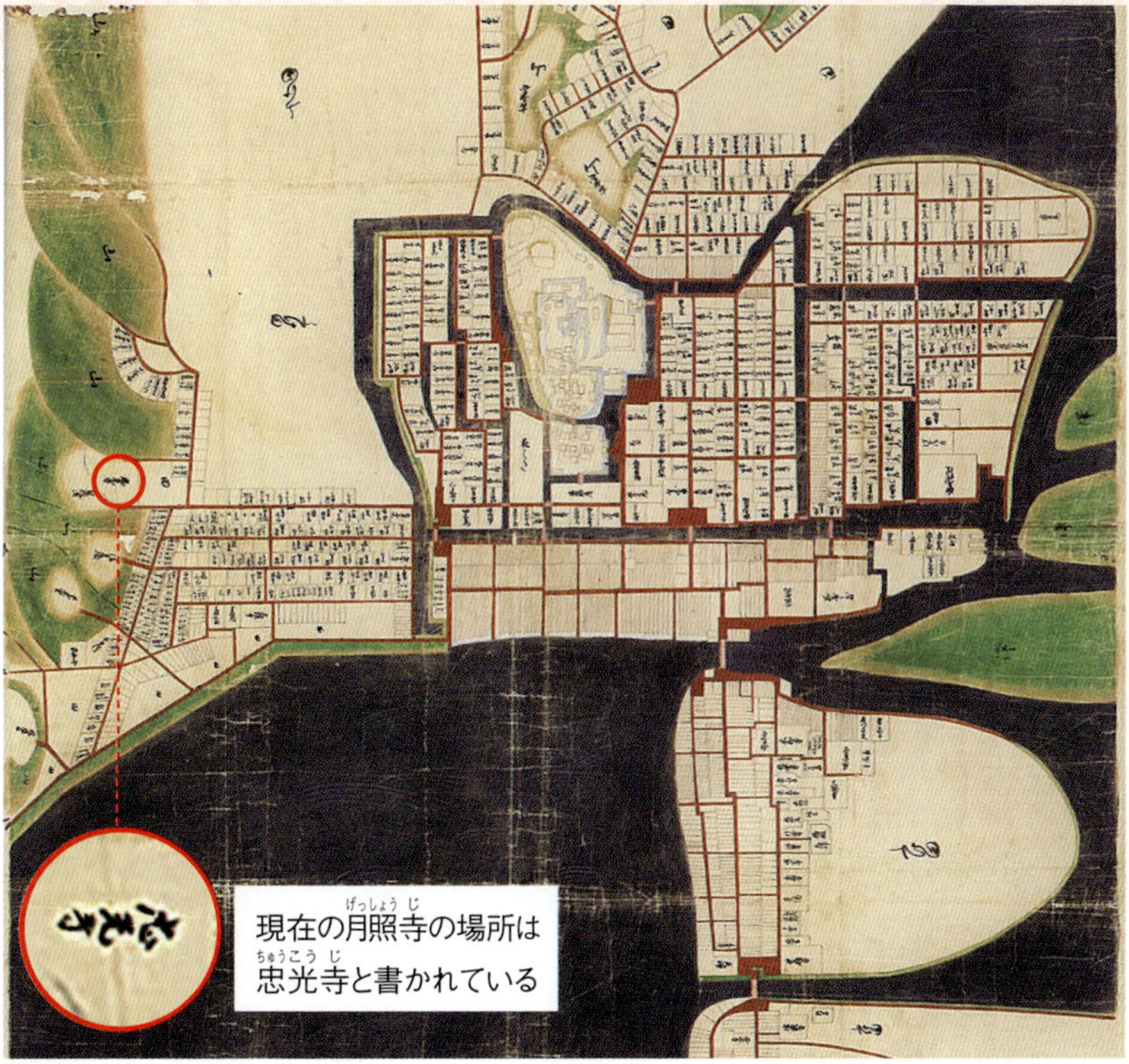

堀尾《ほりお》期松江城下町絵図（部分）

島根大学附属図書館蔵　松江歴史館発行「雲州松江の歴史をひもとく」より

時期があったかもしれないね。よくわからないね。」

「さらに京極《きょうごく》氏時代（1634〜1637）の松江城下絵図にも忠光寺《ちゅうこうじ》と書かれているから、まだその頃まで、忠光寺《ちゅうこうじ》はこの場所にあったんだね。」

「へえー、そうだったのかあ。」

「ともかく直政《なおまさ》が、お母さんの月照院《げっしょういん》の霊牌《れいはい》（いはい）をおさめようと寛文《かんぶん》4年（1664）浄土宗《じょうどしゅう》の月照寺《げっしょうじ》として改《あらた》めたんだよ。」

月照院墓塔《げっしょういんぼとう》（月照寺境内《げっしょうじけいだい》）

「息子の綱隆《つなたか》という方はどんなお殿様だったのかなあ?」

「武勇《ぶゆう》で名高いお父さんの直政《なおまさ》とは正反対で"文《ぶん》人《じん》"つまり文学、和歌、絵画、書道の達人《たつじん》として、抜《ぬ》きん出た方だったよ。今でも毎年8月16日の"御霊屋《おたまや》まつり"では、綱隆《つなたか》の書が掲示《けいじ》されるくらいだからね。」

「へえー。そんなお殿様だったの。」

「これを見てごらん。"日丸草図《ひのまるそうず》"という絵画だよ。」

日丸草図《ひのまるそうず》
月照寺興隆会発行
「雲州松江藩主菩提寺月照寺」より

「すごい!!こんなに上手だったの。本物の絵師《えし》が描いたようだ。」

「画法《がほう》を御絵師《おえし》狩野永雲《かのうえいうん》から学んだ。直政《なおまさ》に召《め》されて、つづいて綱隆《つなたか》に仕《つか》えた、200石の絵師《えし》だった。」

「先生が一流で、学ぶ生徒の綱隆《つなたか》も一流だね。」

ここでお父さんは、綱隆《つなたか》の生いたちから話し始めます。

「綱隆《つなたか》は寛永《かんえい》8年(1631)2月23日直政《なおまさ》の長男として江戸山手館《やかた》で生まれた。

母は直政《なおまさ》の正《せい》室《しつ》"国《くに》"(慶泰《けいたい》院《いん》)。幼名《ようみょう》は"久《ひさ》松丸《まつまる》"。慶安《けいあん》4年(1651)20歳で元《げん》服《ぷく》し、四代将軍

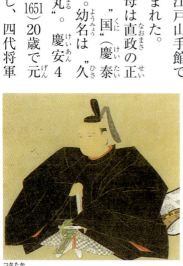

綱隆《つなたか》像
月照寺興隆会発行
「雲州松江藩主菩提寺月照寺」より

徳川家綱《いえつな》の一字〝綱《つな》〟を授《さず》かって〝綱隆《つなたか》〟と名乗《なの》った。寛文《かんぶん》6年(1666)2月3日、父、直政《なおまさ》の死。そのため6月10日、35歳で藩主となったんだ。難しい言葉でいうと〝襲封《しゅうほう》〟だね。」

「弟二人も分家《ぶんけ》したんだって。」

「そう。二男近栄《ちかよし》を広瀬《ひろせ》藩(安来市広瀬《ひろせ》町を中心とした地域《ちいき》)3万石、三男隆政《たかまさ》を母里《もり》藩(安来市伯《はく》太《た》町を中心とした地域《ちいき》)1万石に分け与えた。」

「じゃあ、本家松江藩の18万6000石が4万石も減ってしまったね。」

「いや、そうじゃないらしい。この4万石は18万6000石以外の〝新田《しんでん》〟(新しく開発した水田)で、まかなったようだ。」

マアちゃんは納得《なっとく》しました。

「お父さん、直政《なおまさ》のように、まずお殿様として方針を出したの?」

「直政《なおまさ》の方針を受けついで〝潤色五ヶ條《じゅんしょくごかじょう》〟を出した。それは①忠孝《ちゅうこう》に勤《いそ》み(忠義《ちゅうぎ》や孝行《こうこう》にはげんで)礼法《れいほう》を正し、②軍役《ぐんやく》(藩の軍隊としての仕事)や奉公《ほうこう》に勤《いそ》む、③文武《ぶんぶ》の道に勤《いそ》み(学問と武芸《ぶげい》両方ともはげみ)、④博奕《ばくち》(勝負にお金をかけること)を禁じ、⑤屋宅(住まい)は美麗《びれい》(美しく、ぜいたく)にならぬように、⑥非義善悪《ひぎぜんあく》の儀《ぎ》をわきまえること(まちがっている、とかよいか悪いか判断《はんだん》すること)などだった。」

5 財政難《ざいせいなん》で苦しむお殿様

「さあ、そうすると綱隆《つなたか》の時代はどうなったのかな？」

「マアちゃん、実は綱隆《つなたか》時代には、もう松江藩は大変な時をむかえていたんだよ。藩の財政《ざいせい》が苦しくなった。サイフの中のお金がとぼしくて、やりくりが大変になったんだ。」

お父さんは、宝暦《ほうれき》ごろ（1750年ごろ）に作られた統《とう》計《けい》資料『雲陽大数録《うんようだいすうろく》』を示して

「寛文《かんぶん》11年（1671）藩の赤字《あかじ》は一年分の御成稼《おなりか》（田畑から上がる税収入）の3分の1までになっていたんだ。まさに財政《ざいせい》ひっ迫《ぱく》という状態だね。」

「どうやって切り抜《ぬ》けていくの？」

「しばしば、家臣の給料を減《へ》らす"減禄《げんろく》"と百姓《ひゃくしょう》に対する年貢《ねんぐ》を増やす"増税《ぞうぜい》"をした。延宝《えんぽう》3年（1675）には不足するお金をふやすために藩の中でしか使えない紙幣《しへい》"藩札《はんさつ》"も発行したんだ。」

「大変だねえ。」

「ところが、さらに運が悪いよ。綱隆《つなたか》が襲封《しゅうほう》した後、相《あい》ついで風水害が発生し、領民《りょうみん》（藩内に住む人々）は飢《う》えに苦しんだ。寛文《かんぶん》13年（1673）6月15日と9月21日の二度も"白潟《しらかた》大火《たいか》"があって、藩の蔵《くら》は焼けるし、寺町や和田見《わだみ》にも類焼《るいしょう》した。」

「うわーこれまた大変だ。」

「さらに追い打ちをかけるように悪いことは続く。翌年延宝《えんぽう》2年(1674)6月25日の集中豪雨《ごうう》で宍道《しんじ》湖と堀川《ほりかわ》が増水し、26日、城下は浸水《しんすい》。27日、綱隆《つなたか》は舟に乗って、城外を二度巡視《じゅんし》している。」

「お殿様自《みずか》ら、ひどい状況を視察《しさつ》したんだね。」

「28日、大橋の半分と天神橋《てんじんばし》が流れて、応急《おうきゅう》の修理《しゅうり》。280人あまりの人々を助けた。7月2日になって、やっとふだんの水位に下がったそうだ。」

「相当な被害《ひがい》だったでしょう?」

「幕府への報告《ほうこく》書によれば、被害《ひがい》を受けた穀物《こくもつ》7万4230石、流された家1450戸余《あま》り、堤防《ていぼう》や柵《さく》がこわれた長さ9万8023歩(約175km)、溺死《できし》男女229人、牛馬103頭。」

「ひどいなあ。」

現在の島根県庁

松江城下が浸水《しんすい》した時
こんな感じだった
かもしれないね。

「そこで藩は幕府に頼《たの》んで、越前《えちぜん》（福井県）・越《えち》後《ご》（新潟県）などから米の買い入れをして、難民《なんみん》を救《すく》った。藩士《はんし》（家臣）の給料を減らした（減禄《げんろく》）。そして、翌年延宝《えんぽう》3年（1675）江戸へ向かう〝参勤交代《さんきんこうたい》〟は費用がかかるから、幕府にお願いして、とりやめにしてもらったんだ。」

「こういうふうにお父さんの説明を聞いていると、財政難《ざいせいなん》に苦しむお殿様綱隆《つなたか》が、気《き》の毒《どく》に思えてきたよ。綱隆《つなたか》時代になって、とたんに悪くなったように聞こえるけど…。」

「襲封《しゅうほう》後に災害《さいがい》が連続したことは事実だけど、父、直政《なおまさ》の時代に、すでに財政《ざいせい》状況は悪くなっていたんだろうね。」

「ぼくもそう思うよ。直政《なおまさ》の時代の責任を息子綱隆《つなたか》が背負《せお》いこんだ感じだね。」

マアちゃんは鋭《するど》くつっこみました。お父さんもタジタジです。

「ところでマアちゃん、この綱隆《つなたか》について本当かどうかわからないけど、興味《きょうみ》深い話が2つあるから紹介しておこう。」

6 本当かどうかわからないフィクション？

「①延宝《えんぽう》2年（1674）8月、今の出雲市大社町日御《ひのみ》碕《さき》の日御碕《ひのみさき》神社の検校《けんぎょう》（宮司《ぐうじ》）小野尊俊《おのたかとし》を隠岐・海《あ》士《ま》へ流す。"島流し"つまり流罪《るざい》だね。」

「どうして？」

「原因は不明だよ。『雲陽秘事記《うんようひじき》』（作者・成立年代不明。歴史書ではない、かなりフィクション）では、綱隆《つなたか》が小野検校《おのけんぎょう》の奥さんを好きになったことからだ、と、書いてあるけど、『出雲私史《しし》』という書物では、これを否定《ひてい》している。ただ、その後、松江藩に悪いことが次々起こるので享保《きょうほう》18年（1733）推恵《すいけい》神社を三か所（隠岐・日御碕《ひのみさき》・松江市西川津町楽山《らくざん》）に建てた。」

※隠岐は宝永2年（1705）

「神社を建てさせるほど、松江藩にインパクトを与えたことは確かかなあ。」

隠岐・海士《あま》町の推恵《すいけい》神社
写真提供　海士町教育委員会

西川津町楽山《らくざん》の推恵《すいけい》神社

日御碕《ひのみさき》の推恵《すいけい》神社
2015.10.9　著者撮影

とマアちゃんはつぶやきました。

「それから『雲陽秘事記《うんようひじき》』の中に、書いてあること。延宝《えんぽう》2年(1674)の大水害があったので、綱隆《つなたか》は、松江城の城地を大庭《おおば》町の茶臼山《ちゃうすやま》に移そうとしたけど、家臣の猛《もう》反対でやめた。茶臼山《ちゃうすやま》で青年武士たちを集めて巻狩《まきが》りをして城地替《が》えの計画をしたけど、急病で中止した。茶臼山《ちゃうすやま》移転計画は延宝《えんぽう》3年(1675)綱《つな》隆《たか》の死去によって消えてしまった。」

「お父さん、本当かどうかわからないけど、お話としては興味《きょうみ》深いね。」

「さて、マアちゃん、とうとう延宝3年(1675)4月1日、出雲国にいた綱隆《つなたか》は、松江城の正殿《せいでん》で急死した。45歳。法名は"宝山院《ほうざんいん》"。この月照寺《げっしょうじ》に葬《ほうむ》られた。正室《せいしつ》は越前《えちぜん》藩主松平忠昌《ただまさ》の娘"萬《まん》"(天称院《てんしょういん》)。綱隆《つなたか》には五男三女あったけど、長男から三男まで早く亡《な》くなり、結局、四男綱近《つなちか》が継《つ》ぐことになった。綱隆《つなたか》は、藩主として9年。」

現在の茶臼山《ちゃうすやま》

「直政《なおまさ》のあとの9年は本当に苦労《くろう》されたね。お父さん、さっそくお寺の中へ入ってお墓参りに行こうよ。」

二人は、そのまま月照寺《げっしょうじ》の奥《おく》深くにある綱隆《つなたか》の廟所《びょうしょ》(墓所《ぼしょ》)へ向かいました。

月照寺《げっしょうじ》の奥《おく》深くにある綱隆《つなたか》の廟所《びょうしょ》(墓所《ぼしょ》)

7 三代 綱近《つなちか》 ～出雲国と松江城をこよなく愛したお殿様～

お父さんは月照寺《げっしょうじ》境内《けいだい》に足を踏《ふ》み入れると、藩主松平家第三代綱近《つなちか》の話に移りました。参考資料として、西島太郎「没後《ぼつご》三百年～松平綱近《つなちか》」(『続・松江藩の時代』平成22年山陰中央新報社発行)と『松江市の文化財』が付け加わります。

「綱近《つなちか》は万治《まんじ》2年(1659)9月29日、江戸山手館《やかた》で二代綱隆《つなたか》の四男として生まれた。母は、萬《まん》(天称《てんしょう》院《いん》)。幼名《ようみょう》は萬助《まんすけ》。延宝《えんぽう》3年(1675)7月16日、17歳で襲封《しゅうほう》(家督《かとく》を継《つ》いで藩主となる)。四代将軍家綱の一字〝綱〟を賜《たまわ》って〝綱近《つなちか》〟。従四位下《じゅしいげ》侍従《じじゅう》兼《かねて(けん)》出羽守《でわのかみ》。」

「つまり〝松平出羽守綱近《でわのかみつなちか》〟というお殿様になられたわけだね。この方は一口で言うと、どんなお殿様だったの？」

三之丸(現在、島根県庁の場所)
御殿は三代綱近《つなちか》の時、二之丸から三之丸に移ったという説がある。

「マアちゃん、おどろいたことに、この綱近《つなちか》は隠《いん》居《きょ》される(藩主を次の代にゆずる)までの29年間、欠かさず参勤交代《さんきんこうたい》をされ、15回も出雲国へ帰国されたんだ。40年間に21回の七代治郷《はるさと》(不昧公《ふまいこう》)の次に多いようだ。ふつう藩主は江戸(東京)が本拠地《ほんきょち》で、出雲国松江へは〝帰国〟というより、逆に〝出張《しゅっちょう》〟という意識《いしき》を持つそうだけど、この方はちがう。」

「まじめな性格だったのかな?」

「それもあるかもしれないが、何よりも出雲国そして松江が好きで、愛しておられたんじゃないかな。その証拠《しょうこ》に隠居《いんきょ》してから、たいていは江戸に帰って余生《よせい》を送られるのだけど、綱近《つなちか》は亡《な》くなられるまでの5年間、江戸に帰らないで〝外記《げき》〟と名乗って、松江城〝北之丸〟(現在、護国《ごこく》神社の所)でずっと過ごされたんだよ。出雲国への強い思い入《い》れがあったと思うよ。」

「ぼくは何だかうれしくなったよ。これから、このお殿様を、ひいきにしたくなったよ。」

「ところが、この三代綱近《つなちか》から、次の四代吉透《よしとお》そして五代宣維《のぶずみ》までの治世《ちせい》は、洪水《こうずい》や農作物の不作など、自然災害《さいがい》に悩《なや》む〝国勢《こくせい》(国の勢《いきおい》)頽廃《たいはい》(弱くて、すたれる)の時代〟と『松江市誌』に書かれているくらい大変だったようだ。」

お父さんは少し深刻《しんこく》な表情になりました。

「財政《ざいせい》ひっ迫《ぱく》というのは仕方ないよ。初代直政《なおまさ》そして二代綱隆《つなたか》の時代から始まっていたんだからね。この三代から五代までのお殿様のせいじゃないよ。」

マアちゃんは、さっそく綱近《つなちか》に肩入《かたい》れしています。

北之丸(現在、松江護国《ごこく》神社の場所)

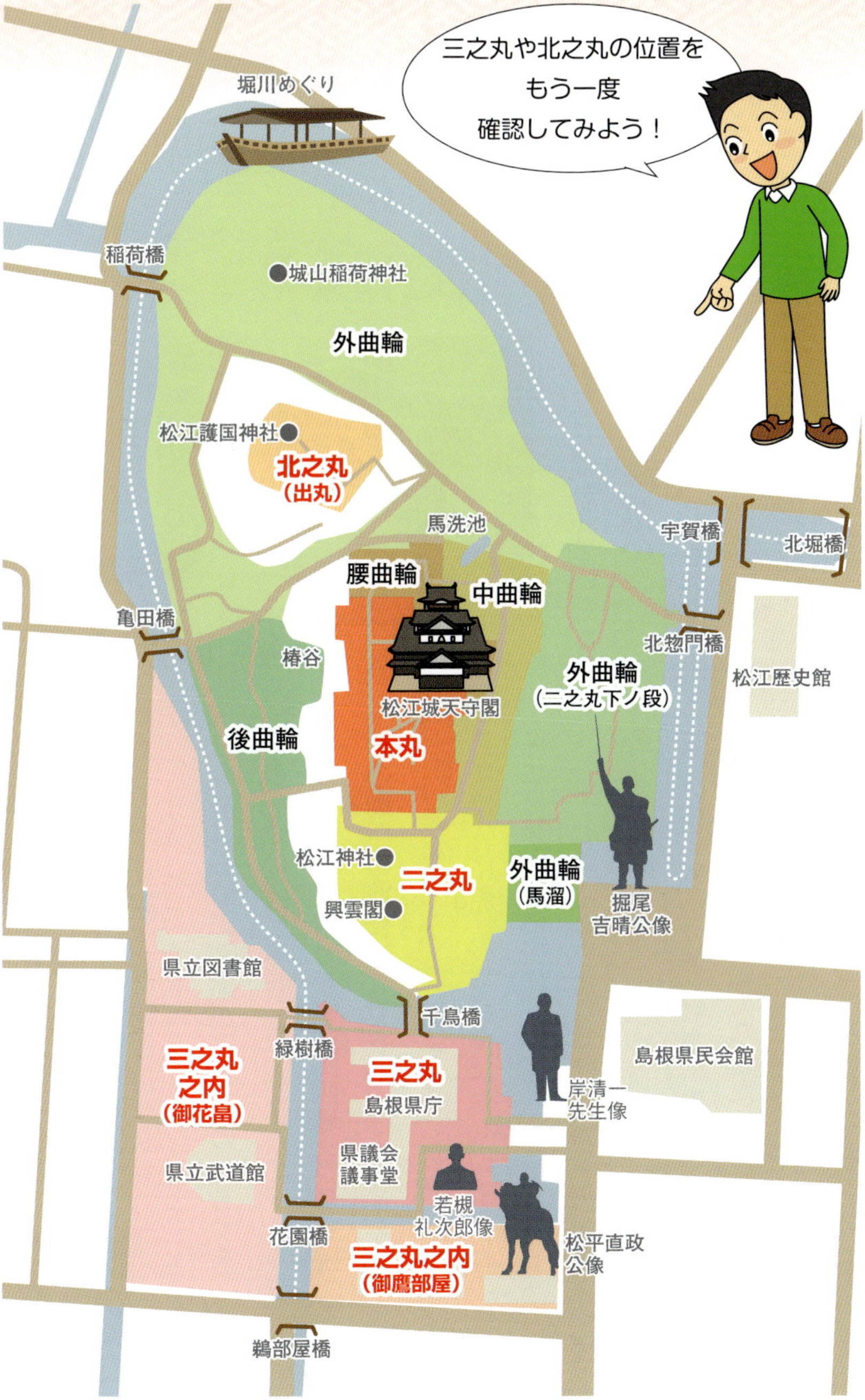
三之丸や北之丸の位置を
もう一度
確認してみよう！
堀川めぐり
稲荷橋
城山稲荷神社
外曲輪
松江護国神社
北之丸
（出丸）
馬洗池
宇賀橋
北堀橋
腰曲輪
中曲輪
亀田橋
北惣門橋
椿谷
松江歴史館
外曲輪
（二之丸下ノ段）
松江城天守閣
後曲輪
本丸
松江神社
二之丸
外曲輪
（馬溜）
興雲閣
掘尾
吉晴公像
県立図書館
千鳥橋
緑樹橋
三之丸
之内
（御花畠）
三之丸
島根県民会館
島根県庁
岸清一
先生像
県議会
議事堂
県立武道館
若槻
礼次郎像
花園橋
三之丸之内
（御鷹部屋）
松平直政
公像
鵜部屋橋

8 月照寺《げっしょうじ》を整備《せいび》

「まず藩主となった延宝《えんぽう》3年(1675)父、綱《つな》隆《たか》の廟所《びょうしょ》(墓所《ぼしょ》)をつくり始めた。そして翌年完成したらしい。廟門《びょうもん》(廟所《びょうしょ》の入口の門)の棟《むな》札《ふだ》(天井裏《うら》の棟《むね》に大工《だいく》さんが打ちつけた木の札。表面に建築記念の文章が筆で書かれている)によると "延宝《えんぽう》4年(1676)4月1日"の建物だからね。」

綱隆《つなたか》の廟所《びょうしょ》(墓所《ぼしょ》)

「お父さんの廟所《びょうしょ》をつくったから、親孝行《こうこう》をしたことになるね。」

「マアちゃん、実はおじいさんに当たる初代直《なお》政《まさ》の廟門《びょうもん》もそのころ建てられているんだよ。」

「えー、直政《なおまさ》が亡《な》くなられてから、ずいぶん経《た》っているのに。孫が建てたの?じゃあ、今からその直政の廟所《びょうしょ》へ行ってみよう。」

二人は、境内《けいだい》の左奥《おく》(南西奥《おく》)の高真院《こうしんいん》(直政《なおまさ》)廟《びょう》所《しょ》の廟門《びょうもん》の前に立ちました。

「ぼくは久しぶりに来たよ。この門は有名なんだ。特に "竹に虎《とら》"彫刻《ちょうこく》がすばらしいよ。軒《のき》の外側の虎《とら》には牙《きば》があるのに、内側の虎《とら》には牙《きば》がない。」

「マアちゃんよく知っているね。この廟門《びょうもん》は、桃山時代の特色を伝えていて、県指定文化財なんだ。さて、実はこの天井裏《てんじょううら》に残された墨書《ぼくしょ》(墨《すみ》で書いた文章)や記録によると、建てられたのは延宝《えんぽう》7年(1679)8月1日。大工の棟梁《とうりょう》(リーダー)は田鹿弥兵衛《たじかやへえ》。つまり直政《なおまさ》の没後《ぼつご》13年経ってから建立《こんりゅう》されたんだね。」

軒《のき》の外側の虎《とら》には牙《きば》がある

軒《のき》の内側の虎《とら》には牙《きば》がない

直政廟所《なおまさびょうしょ》の廟門《びょうもん》

「じゃあ、お父さんもおじいさんも、廟門《びょうもん》は孫の綱近《つなちか》の手で建てられたことになるねえ。」

「そうだね。孫の綱近《つなちか》によって、この月照寺《げっしょうじ》は本格的につくり始められたかもしれないね。」

二人は神妙《しんみょう》な面持《おもも》ちで、月照寺《げっしょうじ》の中で最も広い直政《なおまさ》の廟所《びょうしょ》に入りました。

「ごらん、マアちゃん。月照寺《げっしょうじ》には九代までの歴代藩主の廟所《びょうしょ》(墓所《ぼしょ》)がある。それぞれ規模《きぼ》はちがうけど、どこも同じ形式になっているんだ。ほら、この〝廟門《びょうもん》〟を入ると目の前に一直線上に〝鳥居《とりい》〟そして〝墓石《ぼせき》〟が並んでいるね。廟所《びょうしょ》の中は、お茶室の庭〝茶庭《ちゃてい》〟のように、〝手水《ちょうず》〟(つくばい)と、その前に間かくをおいて置かれた〝踏《ふ》み石〟。何個か石を踏《ふ》んで前に進んで、手水《ちょうず》で手を洗うようになっているね。廟所《びょうしょ》の周囲は左右と正面奥《おく》の三辺に沿《そ》って、重臣《じゅうしん》(身分の高い家臣)が寄進《きしん》した〝灯ろう〟が並んでいる。」

「本当だ。きちんと並んでいてよくわかるよ、お父さん。」

二人は静かに墓石《ぼせき》の前で手を合わせ、直政《なおまさ》の偉大《いだい》さとその苦労を偲《しの》びました。そして、再びこの廟所《びょうしょ》を出ると、先ほどの三代綱近《つなちか》の話にもどりました。

一直線に並んでいる

踏《ふ》み石
（七代治郷《はるさと》の廟所《びょうしょ》）

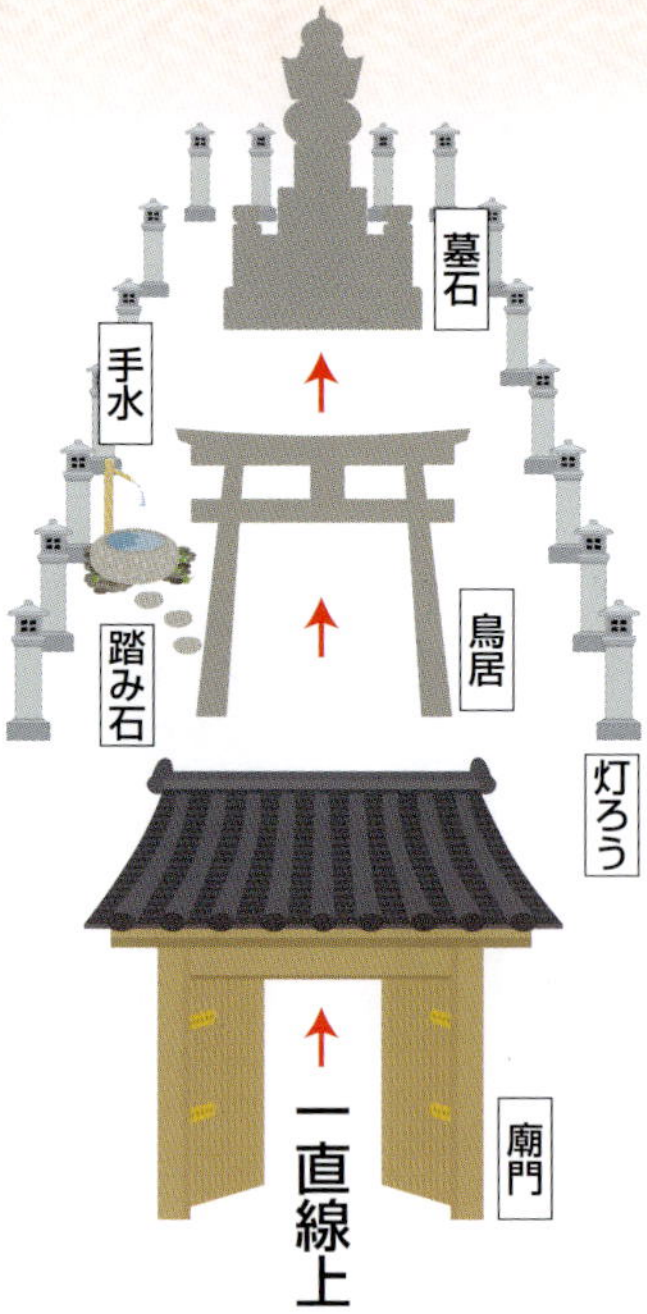

廟所《びょうしょ》の形式

月照寺《げっしょうじ》にある案内図

9 大変な苦労《くろう》と業績《ぎょうせき》

「延宝《えんぽう》3年(1675)7月、上総国《かずさのくに》(千葉県)姉ヶ崎《あねがさき》の鷹狩《たかが》り場を幕府へお返しした。"鷹狩《たかが》り"というお殿様の、レジャー場がなくなったねえ。」

「松江藩の財政状況がよくないから、藩主自ら模範《もはん》を示したのかもしれないね。」

「この年は凶作《きょうさく》(農作物の出来《でき》が極端《きょくたん》によくない)だった。5年後の延宝《えんぽう》8年(1680)も凶作《きょうさく》で約3万9000人も飢餓《きが》(食べ物がなくて、うえること)が出た。」

「食べ物や農作物を増やさないといけないね。」

「いろいろと対策《たいさく》はとられているよ。まず松江市の浜佐田《はまさだ》の新田開発や、古志原《こしばら》の開墾《かいこん》だね。古志《こし》原《ばら》の開墾《かいこん》した土地はのちに薬用人参栽培《さいばい》地となるんだよ。そしてその開墾《かいこん》地への人々の移住《いじゅう》を奨励《しょうれい》した。延宝《えんぽう》5年(1677)頃には今の出雲市大社町の"荒木浜"に松の植林をして開墾《かいこん》。(大梶七兵衛《おおかじしちべえ》の業績《ぎょうせき》と言われている) 貞享《じょうきょう》3年(1686)には"政令《せいれい》※"を出して、つまり命令だね。宍道《しんじ》湖と中海沿岸の山々に松や杉など植林させたり、茶・楮《こうぞ》(紙の原料となる木)漆《うるし》・桑《くわ》・綿花《めんか》の栽培《さいばい》をうながした。また貞享《じょうきょう》4年(1687)出雲市大津《おおつ》で長さ8㎞の高瀬《たかせ》川を新しくつ

くったり、同じ年、神西湖《じんざい》から日本海に向けて差《さし》海《み》川を掘って、周囲に約500haの水田を増やした。農業ばかりじゃないよ。延宝《えんぽう》7年(1679)には今の松江市西川津町市成《いちなり》に、山口県萩《はぎ》から"楽山焼《らくざんやき》"の元祖《がんそ》倉崎権兵衛《くらさきごんべえ》を呼びよせた。二代目として陶工《とうこう》加田半六《かだはんろく》も招《まね》いた。新しく出雲国で"窯業《ようぎょう》"(焼き物生産)も始まった。」

「綱近《つなちか》の時から楽山焼《らくざんやき》は始まったんだね。初めて知ったよ。」

「こういうふうに農業生産力の向上と新しい産業《さんぎょう》への改革《かいかく》にとりくんだのは綱近《つなちか》の時代からだよ。のちの七代治郷《はるさと》へと受けつがれる殖産興業《しょくさんこうぎょう》(様々な産業《さんぎょう》を起こしてさかんにすること)の基礎《きそ》が出そろったんだよ。」

「ということは財政事情《ざいせいじじょう》はよくなったの?」

「いや、残念《ざんねん》ながら現実はちがう。ますます財政はひっ迫《ぱく》だった。一つは、運悪く連発する大災害《さいがい》による大被害《ひがい》。もう一つは、その災害対策《さいがいたいさく》、特に治水対策《ちすいたいさく》にかかった、ぼう大な経費だね。」

倉崎権兵衛《くらさきごんべえ》の作品
古楽山《こらくざん》　内刷毛目茶碗《うちはけめちゃわん》　高さ8.5cm　松江歴史館蔵

※政令《せいれい》
『松江藩国令』(貞享《じょうきょう》3年(1686))の中に「宍道湖南方の灘…」
初めて「宍道湖」の名称が文献に登場

改修後の今の高瀬川の状況（幅約2m）
万代橋《ばんだいばし》ゲートウェイパーク東側

現在の松江市古志原の一部地域

神西湖《じんざいこ》（向こう側）と差海《さしみ》川（手前）
国道9号差海橋の上から
著者撮影2017.12.20

荒木浜に立つ大梶七兵衛《おおかじしちべえ》（銅像）
向こう側に見えるのは防風林の「八通《やどお》り山《やま》」
出雲市大社町荒木の万代橋《ばんだいばし》ゲートウェイパークにおいて著者撮影　2017.12.20

10 災害《さいがい》つづきで財政《ざいせい》がひっ迫《ぱく》

お父さんは、また浮かない顔で資料をめくります。

「貞享《じょうきょう》3年(1686)大風雨で2万石の減収《げんしゅう》。元禄《げんろく》元年(1688)大雨洪水で4万2000石減収。元禄《げんろく》15年(1702)大雨で宍道湖増水。被害を受けた穀物《こくもつ》8万4300石。地上浸水《しんすい》3～4尺(約1m～1.2m)もあって綱近《つなちか》自ら船で巡視《じゅんし》して救済《きゅうさい》した。」

「すごい数字だね。」

「工事も大変だ。斐伊川が慶安《けいあん》～承応《じょうおう》(1648～1655)頃、日本海に、西流ではなく東流して、しかも4本の川筋になって宍道湖へ注いでいた。そこで貞享《じょうきょう》3年(1686)平田川違《ひらたかわたがえ》工事。つまり4本を1本の流れにして平田町の南に流下させる工事をした。」

「火災もこわいけど水害はさらにこわいからねえ。」

「その後、文禄《ぶんろく》2年(1689)天神川を改修《かいしゅう》整備し、末次《すえつぐ》の水門(今の松江市役所《やくしょ》付近)を設けて、宍道湖と四十間堀《しじっけんぼり》をつないで湖《みずうみ》から排水《はいすい》ができるようにした。」

「この工事にも、ずいぶんお金がかかっただろうねえ。」

「そこで出されたのが、お金の倹約《けんやく》の命令だね。貞享《じょうきょう》3年(1686)5か年の〝半知《はんち》〟(家臣の給料を半分に減らすこと)と〝奢侈《しゃし》(ぜいたく)禁止令〟が出た。「宇治茶詰之儀停止ノ事《うじちゃずめのぎていしのこと》」と書かれている。貞享《じょうきょう》年間(1684)から宝永《ほうえい》年間(～1710)にかけて、倹約《けんやく》の励行《れいこう》、奢侈《しゃし》の禁止、半知《はんち》、借金《しゃっきん》政策、そして藩《はん》札《さつ》の発行など消極《しょうきょく》的なものばかりだったと言われているけどね。また貞享《じょうきょう》4年(1687)には、預《あず》り地隠

松江城絵図《まつえじょうえず》
（部分）
延享2年（1745）
島根県立図書館蔵

岐国を幕府に返上した。綱近《つなちか》の死後、五代宣維《のぶずみ》の時、再び預《あずか》り地となったけどね。」

「綱近《つなちか》は気の毒だね。こういうマイナスイメージが強すぎるなあ。」

「綱近《つなちか》は豪胆《ごうたん》（きもったまが太い）で酒豪《しゅごう》（酒好きで強い）と言われているけど、気苦労があまりにも多かっただろうね。眼病《がんびょう》のため失明し、宝永《ほうえい》元年（1704）1月5日46歳で、弟の吉透《よしとお》（綱隆《つなたか》の五男で、母は平賀氏の娘）に家督《かとく》（藩主の座）をゆずって隠《いん》退《たい》したんだ。失明《しつめい》後は、好きな牡丹《ぼたん》の花も、香《かおり》をかぐしかできなかった。」

「かわいそうだね。」

「隠居《いんきょ》後にも藩の学者、黒澤石斎《くろさわせきさい》に『懐橋談《かいきつだん》』というその後松江藩の代表的な作品となる本を作るように命じた。」

「ずいぶんいろいろな功績《こうせき》をあげた方だったんだね。」

綱近《つなちか》の廟所《びょうしょ》(墓所《ぼしょ》)

「そして、とうとう宝永《ほうえい》6年(1709)11月15日51歳で亡《な》くなられた。法名は隆元院《りゅうげんいん》。月照寺《げっしょうじ》に葬《ほうむ》られた。なお奥様(正室)は松平佐渡守《さどのかみ》良尚の娘〝国〟(泰雍《たいよう》院《いん》)という方だった。」

「あっ、それから、言い落していたよ。実は綱近《つなちか》の時に〝越後騒動《えちごそうどう》〟があったこと。」

「お父さん、たしか松江城二之丸下の段の見学の時に教えてもらったね。」

「延宝《えんぽう》7年(1677)10月19日。越後《えちご》国(新潟県)高田藩のお家騒動《そうどう》で、家老荻田主馬《おぎたかずま》が松平綱近《つなちか》へ預《あず》けとなった。やがて、天和《てんな》元年(1681)将軍綱吉《つなよし》の裁定《さいてい》により、主馬《かずま》(44歳)は八丈島《はちじょうじま》へ島流しの処分《しょぶん》となった。松江城二之丸下ノ段にあった〝荻田屋敷《やしき》〟に住んでいたのは1年2か月少々かな。」

マアちゃんは、苦難《くなん》と波乱《はらん》に満ちた綱近《つなちか》のお殿様時代29年間を想像すると、何とも言えない気持ちになりましたが、一言《ひとこと》。

「やっぱり、たいしたお殿様だったねえ。ぼくたちはもっとこの綱近《つなちか》を見直すべきだね。もっともっと評価を高くすべきだよ。これだけ地元を愛したお殿様はおられないよ。」

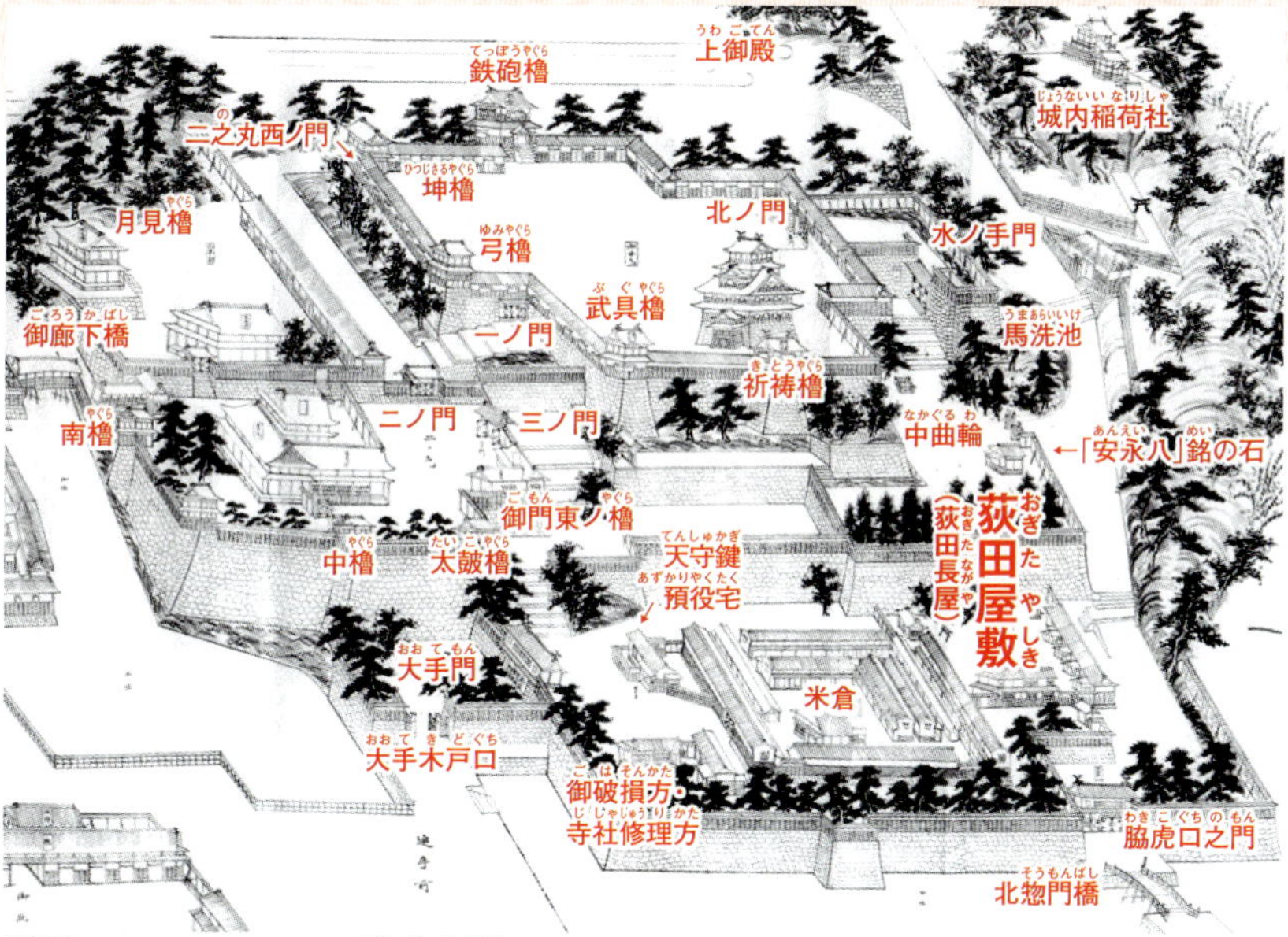

廃城《はいじょう》前の松江城　松江亀田千鳥城《かめだちどり》　明治8年（部分）松江歴史館蔵・加筆

二之丸下ノ段
入口にある説明板

現在の
荻田屋敷《おぎたやしき》（荻田長屋《おぎたながや》）跡の状況

11 四代　吉透《よしとお》　わずか1年3か月のお殿様

お父さんは続いて藩主松平家第四代吉透《よしとお》の話を始めました。

「吉透《よしとお》は二代綱隆《つなたか》の五男。寛文《かんぶん》8年（1668）7月16日、松江で生まれた。母は平賀氏の娘。」

「へえー。江戸でなくて、松江生まれのお殿様なのか。」

「そうだね、お母さんは、綱近《つなちか》の正室、〝国《くに》〟（泰《たい》雍院《よういん》）ではないからだね。」

「幼名《ようみょう》は幸松丸、のち頼母《たのも》。それから兄、綱近《つなちか》の一字〝近〟をいただいて〝近憲《ちかのり》〟となった。のちに第五代将軍徳川〝綱吉《つなよし》〟の一字〝吉〟を賜《たまわ》って〝吉透《よしとお》〟と名乗ったんだ。18歳で江戸へ移り、元禄《げんろく》9年（1696）2月、越前《えちぜん》（福井県）藩主松平昌勝《まさかつ》の娘〝菅〟（清寿《せいじゅ》院《いん》）を正室として結婚した。元禄《げんろく》14年（1701）には新田1万石を分けていただいた。」

「そこまではいいけど、お兄さん綱近《つなちか》の目の病気が関係してくるんだったね。」

「そうなんだよ。失明した綱近《つなちか》と藩主交替《こうたい》ということになるから、宝永《ほうえい》元年（1704）2月には、綱近《つなちか》の養子となって、5月30日には襲封《しゅうほう》（家督《かとく》を受けつぐ）し、従四位下侍従《じゅしいげじじゅう》兼《かね（けん）》出羽守《でわのかみ》となられた。」

「やっぱりお兄さんのピンチヒッターのような感じだから、ずいぶんつらくて、大変苦労《くろう》されただろうね、きっと。」

「そうだったかもしれない。ご心労がわざわいしたかもしれないね。翌年宝永《ほうえい》2年（1705）9月6日、病気で亡《な》くなられたんだ。38歳。法名は〝源林院《げんりんいん》〟。江戸の西窪《にしくぼ》にある天徳寺《てんとくじ》に葬《ほうむ》られ、月照寺《げっしょうじ》に分骨《ぶんこつ》

（遺骨《いこつ》を分けて）された。藩主としての期間は、わずか1年3か月ほどだった。」

「とても残念だなあ。せっかく松江生まれのお殿様だったのに。」

「そうだね。生まれて17年間は松江で生活しておられたから、地元の状況をよくご存知《ぞんじ》で、しかも、先代綱近《つなちか》の心情《しんじょう》や政治方針もよく心得《こころえ》ておられただろうしね。もっと長生きされたら、ほかのお殿様とは、ひとあじちがった政治が行われたかもしれないね。いかんせん、わずか1年3か月。」

お父さんもマアちゃんと同じように残念そうな、さびしそうな表情になりました。

「あとできちんとお墓参りをしようよ。お父さん。」

吉透《よしとお》の廟所《びょうしょ》（墓所《ぼしょ》）

12 五代　宣維《のぶずみ》　～8歳でお殿様に、そして公家《くげ》からお嫁さん

「ではお父さん、急に亡《な》くなられた四代吉透《よしとお》の跡《あと》つぎはどなたになったの？」

「吉透《よしとお》の二男、宣維《のぶずみ》だよ。元禄《げんろく》11年（1698）5月18日、江戸青山邸《てい》に生まれた。母は吉透《よしとお》の正室〝萱〟（清寿院）。幼名《ようみょう》は荘五郎。長男は早く亡《な》くなられたので、二男が家督《かとく》を継《つ》ぐことになった。しかも父、吉透《よしとお》の急死だったから、宝永《ほうえい》2年（1705）10月6日、8歳という子どもながら、藩主となった。14歳の時、（1711年）六代将軍家宣《いえのぶ》から「宣」の一字をいただいて〝宣維《のぶずみ》〟と名乗り、この年4月、江戸を立って出雲へ入国した。」

「ぼくの年令に近いね。出雲国に対してどんな第一印象だったのかなあ。」

「享保《きょうほう》5年（1720）9月21日、初代直政《なおまさ》の外孫《そとまご》にあたる正室〝順《じゅん》〟（幻体院）と結婚。しかし、この方は翌年、5月14日亡《な》くなられた。そこで、継室《けいしつ》（正室の亡《な》くなったあとの奥様）として公家《くげ》（皇族《こうぞく》）伏見宮邦永親王《ふしみのみやくにながしんのう》の娘。岩姫《いわひめ》（宮《みや》）（天岳院《てんがくいん》）と享保《きょうほう》9年（1724）11月11日、再婚《さいこん》した。」

「本当は、その3年前、享保《きょうほう》6年（1721）7月に、八代将軍吉宗《よしむね》から岩姫《いわひめ》との縁談《えんだん》を勧《すす》められていたんだけど、断《ことわ》ったんだよ。」

「どうして断《ことわ》ったの？」

「今、出雲国内では、相ついで災害《さいがい》に見舞《みま》われ、結婚費用ができないので、しばらく遅《おく》らせたい、と将軍にあやまったそうだ。」

「そんなに松江藩の財政《ざいせい》の状況はよくなかったんだねえ。」

「マアちゃん、ここで興味《きょうみ》深い話があるよ。奥方の岩姫《いわひめ》はご結婚の際、お土産《みやげ》として擬宝珠《ぎぼし》を18個持参されたそうだ。」

「擬宝珠《ぎぼし》というのは、橋の欄干《らんかん》の上についている、とんがり帽子《ぼうし》のような飾《かざ》りだね。」

「そうだよ。銅《どう》で出来た擬宝珠《ぎぼし》を鋳造《ちゅうぞう》するには

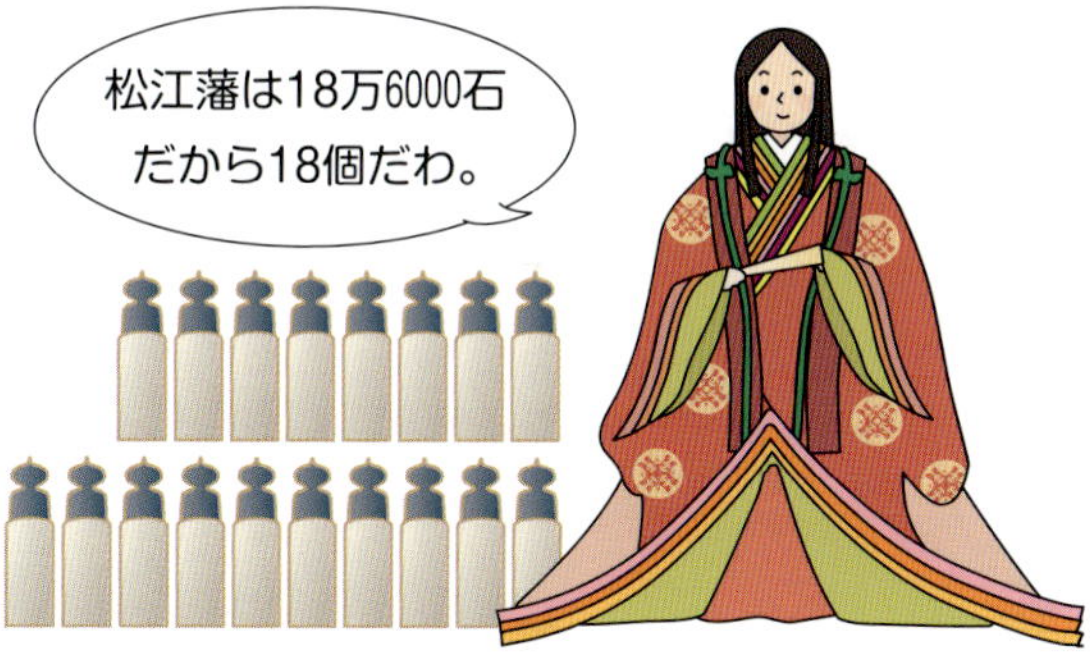
松江藩は18万6000石
だから18個だわ。

幕府の許可が必要なんだ。しかも、松江大橋の欄《らん》干《かん》に10個、京橋の欄干《らんかん》に8個。将軍家と親せきの〝親藩大名《しんぱんだいみょう》〟だけに限られているし、おまけに、石高《こくだか》1万石につき1個しか認められない。」

「あっ、それで、松江藩は18万6000石だから18個

現在の松江大橋の欄干《らんかん》の擬宝珠《ぎぼし》

現在の松江市京橋

なのか。すごい品物なんだねえ。」

「なんといったって、お公家《くげ》からのお嫁《よめ》さんというのは、松江藩では、あとにも先にも、この岩《いわ》姫《ひめ》様だけだったから。あとの方は、すべて大名家からだからね。そりゃあ、人々は大いに喜んでお祝気分になったんだろう。」

「わかった、あの松江の〝鼕行列《どうぎょうれつ》〟だね。」

「そう、町人が競《きそ》い合って〝大鼕《おおどう》〟を作って祝ったのが〝鼕行列《どうぎょうれつ》〟の始まり、と言われているね。でも、最近は別の説が出ているよ。」

「へえー。ちがった説があるの？」

「そう江戸時代に町内の正月に行われていた〝歳《とし》徳神《とくじん》〟の宮ねり。その時、使っていた小さな太鼓《たいこ》が、やがて巨大化したんだという説だよ。」

「思い出したよ。その様子を描いた絵が松江歴史館の基本展示室に掲示《けいじ》してあったね。」

「それから、今でも松江市内に〝京店《きょうみせ》〟という地《ち》区《く》があるね。京橋川の南の町家《まちや》の並んでいる通り〝京店通り《きょうみせどお》〟は、〝京都三条通り〟に似《に》せて家の庇《ひさし》を長くしたんだ。それでそんな名前がついたらしい。とにかく〝鼕行列《どうぎょうれつ》〟にしても〝京店通り《きょうみせどお》〟にしてもお公家《くげ》（宮家《みやけ》）と縁組《えんぐみ》ができたという、町の人々の喜び祝う気持ちからだね。」

「なるほどねえ。そうだったのかあ。岩宮（姫）様は江戸のお屋敷に住んでいらっしゃって、一度も松江へお越《こ》しいただいていないけどねえ。」

現在の京店《きょうみせ》

にぎやかな宮練《ね》り

法被《はっぴ》姿の若者や子供たちが、
采配《さいはい》を持ち、宮を囲み、練《ね》り歩く。

提灯《ちょうちん》をかざし、
祭囃子《ばやし》は夜中まで続く。

夜になると提灯《ちょうちん》に灯りをともし、
鼕《どう》をひきまわす。笛《ふえ》や三味線《しゃみせん》も
加わる。

正月行事歳徳神《としとくじん》
堀櫟山《ほりれきざん》 画 堀昭夫氏蔵

松江歴史館発行
「雲州松江の歴史をひもとく」より

現在の鼕《どう》行列

13 お殿様、宣維《のぶずみ》を悩《なや》ませた災害《さいがい》と異国船《いこくせん》

また、お父さんの表情が暗くなりました。

「おめでたい話ばかりじゃないよ。この宣維《のぶずみ》の時代、相つぐ災害《さいがい》による財政悪化《あっか》そして海岸へ到《とう》来《らい》する異国《いこく》（外国）の船。お殿様にとって悩《なや》みごとばかりだった。」

お父さんは資料をめくりながら、次々と紹介します。

「藩主となった翌年宝永《ほうえい》3年（1706）8月大風、10月大地震《じしん》。正徳《しょうとく》元年（1711）9月大火のため今の松江市石橋町、奥谷《おくだに》町が焼失《しょうしつ》し、北田町《きたたまち》など百数十戸が類焼《るいしょう》。享保《きょうほう》6年（1721）7月、大風雨で、城下の浸《しん》水《すい》は深さ4尺（約1.2ｍ）。被害《ひがい》を受けた穀物《こくもつ》4万7000石余り、倒《たお》れた家は144戸。享保《きょうほう》7年（1722）7月、大風雨で城下浸水《しんすい》4尺。おぼれて亡《な》くなった人、54人。被害《ひがい》の穀物《こくもつ》4万169石余り。」

「うわー、こりゃあ、大変だー。」

「松江藩はいよいよ苦境《くきょう》に追いこまれたので、幕府は15か年を限度《げんど》として、藩独自《どくじ》の紙幣《しへい》を使うことを許可《きょか》した。」

「マアちゃん、社会科授業で習ったように、寛永《かんえい》16年（1637）幕府の〝鎖国《さこく》令《れい》〟。オランダと清《しん》国《こく》（中国）に限って長崎での貿易《ぼうえき》は認められた。ところが、突然享保《とつぜんきょうほう》2年

現在の河下浦《かわしもうら》（港）沖合
2017.12.20　著者撮影

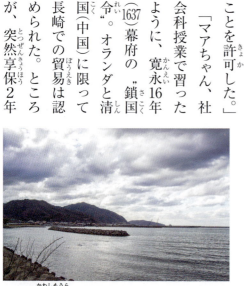

(1717)2月、異国船《いこくせん》(たぶん清国《しんこく》船)が美保関《みほのせき》に停泊《ていはく》し、それ以来、楯縫《たてぬい》郡《ぐん》河下浦《かわしもうら》(今の出雲市河下《かわしも》町)など、沿岸《えんがん》各地に出没《しゅつぼつ》したんだ。松江藩から報告を受けた幕府は"砲撃《ほうげき》をしても可なり(よし)"と答えたらしい。この年7月にまたも河下浦《かわしもうら》にやって来た異国船《いこくせん》には発砲《はっぽう》し、撃退《げきたい》したそうだ。」

「松江藩は日本海に面しているからねえ。」

「そういうこともあってか、享保《きょうほう》5年(1720)幕府は綱近《つなちか》の時に返上された隠岐を、再び管理するように命じた。松江藩は代官《だいかん》を隠岐に置いて防《ぼう》備《び》したんだよ。」

「国の内側も、外側も、宣維《のぶずみ》お殿様にとって困ったことばかりだったね。」

「そういうことも影響したのかなあ。とうとう享保《きょうほう》16年(1731)8月27日、34歳で亡くなられた。法《ほう》名《みょう》は善隆院《ぜんりゅういん》。江戸西窪《にしくぼ》の天徳寺《てんとくじ》に葬《ほうむ》られ、月照寺《げっしょうじ》に分骨《ぶんこつ》された。藩主としての在位《ざいい》は26年。」

「ぼくは、よくがんばられた偉大なお殿様だったと思うよ。少年時代から災《わざわ》いが連続して、財政状況がますます悪化したけど、前の時代からのマイナス材料の積み重ねがあった

宣維《のぶずみ》の廟所《びょうしょ》(墓所《ぼしょ》)

んだからね。」

マアちゃんは、ここでもお殿様宣維《のぶずみ》を高く評価します。

「それから、奥方の岩姫《いわひめ》は、こんなふうに、松江藩に次から次へと災害《さいがい》など不幸が続くのは、ひょっとして、二代綱隆《つなたか》の時、隠岐へ流罪《るざい》にした、日御碕《ひのみさき》神社検校《けんぎょう》小野尊俊《たかとし》の恨《うら》みからではないかと考えた。そこで、隠岐郡《ぐん》海士《あま》町のほかに、松江市西川津町楽山《らくざん》と出雲市大社町日御碕《ひのみさき》の三か所に、推恵《すいけい》神社を建立《こんりゅう》した。お祭りをしてその霊《れい》をなぐさめたという。」

「へえー。そんなお話もあったのかあ。」

「小野検校《けんぎょう》が隠岐へ流罪《るざい》にされた本当の理由はわからないけど、松江藩が推恵《すいけい》神社を建てなければならなかった、何か事情があっただろうね。藩と日御碕《ひのみさき》神社との間に一体何があっただろうねえ。」

「そうだね。お父さん。謎《なぞ》だねえ。」

海士《あま》町の推恵《すいけい》神社　海士町教育委員会提供

松江市西川津町市成《いちなり》の推恵《すいけい》神社

海士《あま》町の推恵《すいけい》神社にある案内板
海士町教育委員会提供

推恵《すいけい》神社は
五代藩主宣維《のぶずみ》の時に建てられたね。
綱隆《つなたか》は宣維《のぶずみ》のおじいさんだね。

「それから、マアちゃんが4年生の時、学習したこと。享保《きょうほう》8（1723）から16年もかけて、元《げん》文《ぶん》4年（1739）卜蔵孫三郎《ぼくらまごさぶろう》が、今の安来市荒島《あらしま》に"卜蔵新田《ぼくらしんでん》"を開発したのも、このお殿様の時代だったんだ。」

「そうだったのかあ。4年生の時の勉強を思い出してきたよ。明るい話題だね。これは。」

マアちゃんにちょっとだけ笑顔がよみがえりました。

「ところで、マアちゃん、これは言い伝えなんだけどね。宣維《のぶずみ》の頃になって鷹狩《たかが》りに使用される『うずら』という小鳥の飼育《しいく》場が今の松江市比津《ひつ》町に設《もう》けられたそうだ。」

安来市荒島《あらしま》の卜蔵新田《ぼくらしんでん》 リーフレット「米作りに生涯をかけた荒島の先人たち」所収

「近い所だから、二人で行ってみようよ。」

二人はさっそく出かけました。

そこは松江市比津《ひつ》町の比津《ひつ》神社の近くで、松江市立法吉《ほっき》小学校入口より北へ約300ｍに位置する小さい谷間の奥の斜面《しゃめん》でした。そこに2～3軒《けん》の民家がありました。

「この谷には"うずら谷"という字名《あざな》が付いているよ。お殿様から、『うずら』の飼育《しいく》担当として命じられたのは、ほら、目の前の一番奥のお宅、小数賀《こすが》さんの先祖《せんぞ》だったんだ。小数賀《こすが》家の屋号《やごう》は"うずら"だよ。」

「へえー『うずら』に関係して地名や屋号《やごう》まで付いたのかあ。」

「実は、この飼育場と隣《とな》り合った丘陵先端《きゅうりょうせんたん》に元の比津《ひつ》神社があったんだ。しかし『うずら』の飼育《しいく》が始まると、神社の神域《しんいき》がけがされるということで、比津《ひつ》神社の棟札《むなふだ》によれば、享保《きょうほう》7年(1722)9月21日、少し離《はな》れた今の場所に移されたそうだ。」

「棟札《むなふだ》の年代と宣維《のぶずみ》の時代から『うずら』飼育が始まった、という言い伝えと合うね。」

「その通りだね。飼育開始は小数賀《こすが》家初代の若い頃のことで、宮の移転と同じ頃だと思われるよ。」

「五代宣維《のぶずみ》の時代の話に『うずら』の話題が一つ付け加わってよかったねえ。」

右山中：比津《ひつ》神社旧社地《しゃち》
左奥畑：うずら飼育《しいく》場跡
2017.1.30　著者撮影

現在の比津《ひつ》神社

松江市立法吉《ほっき》小学校入口
立っているのが、当時、平成19年(2007)法吉《ほっき》小学校校長だった著者
(1年担任杉原里美先生撮影)

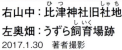

14 わずか3歳でお殿様になった宗衍《むねのぶ》

二人の対話は、続いて第六代松平宗衍《むねのぶ》の時代に移ります。

「このお殿様を知っているよ。月照寺《げっしょうじ》の〝大亀《おおがめ》の石〟つまり〝寿蔵碑《じゅぞうひ》〟を、息子の第七代治郷《はるさと》（不《ふ》味《まい》）に建てていただいた〝お父さん殿様〟だからね。」

松平宗衍《むねのぶ》寿蔵碑《じゅぞうひ》
天明《てんめい》2年（1782）宗衍《むねのぶ》が命じて建立《こんりゅう》された
松江・月照寺《げっしょうじ》

積極的なマアちゃんの要望《ようぼう》にこたえるべく、お父さんは、カバンの中に入っていた、いくつかの資料を付け加えて準備します。

土屋侯保《きみやす》著『江戸の奇人天愚孔平《きじんてんぐこうへい》』、『千社札《せんじゃふだ》の元《がん》祖《そ》天愚孔平《てんぐこうへい》』（平成27年12月松江歴史館発行）、『松平不昧伝《ふまい》』（大正7年）、『松江藩列士録《れっしろく》』『松江藩松平家の女性たち』（石田俊《しゅん》・2015年10月17日松江市史講座）などです。

「マアちゃん、お父さんはねえ、これ以外にも『広辞苑《こうじえん》』（岩波《いわなみ》書店発行）、『大字典』（講談社）、『国史大辞典』（吉川弘文館《よしかわこうぶんかん》）などいろいろな本を、参考にしたり、専門家の方々におたずねしてわかったことを今からお話しするからね。」

お父さんの六代宗衍《むねのぶ》についての説明は長くなり

そうです。

「享保《きょうほう》14年（1729）5月28日、江戸赤《あか》坂藩邸《さかはんてい》（今の衆議《しゅうぎ》院《いん》と参議院《さんぎいん》の議長公邸《こうてい》の場所に建っていた）松江藩の上屋敷《かみやしき》で五代宣維《のぶずみ》の長男として生まれた。お母さんは岩姫《いわひめ》（天岳院《てんがくいん》）。幼名《ようみょう》は幸千代《ゆきちよ》。享保《きょうほう》16年（1731）8月、お父さんが34歳で亡くなられたので、急きょ、10月13日、わずか3歳だったけど跡を継がれた。襲封《しゅうほう》（領地をうけつぐこと）だね。」

「3歳だなんて、まだ赤ちゃんのような時にお殿様の仕事は無理だよ。」

「そうだよ、幼いから、もちろん出雲国へは行かなかった。実際の政治をとりしきったのは当職《とうしき》の家老《かろう》五代目乙部九郎兵衛可豊《おとべくろべえよしとよ》と中老《ちゅうろう》（家老《かろう》を補《ほ》助《じょ》する）松原正均（三代目松原定衛門《さだえもん》）の二人。『列《れっ》士録《しろく》』を調べるとこの二人だと思う。」

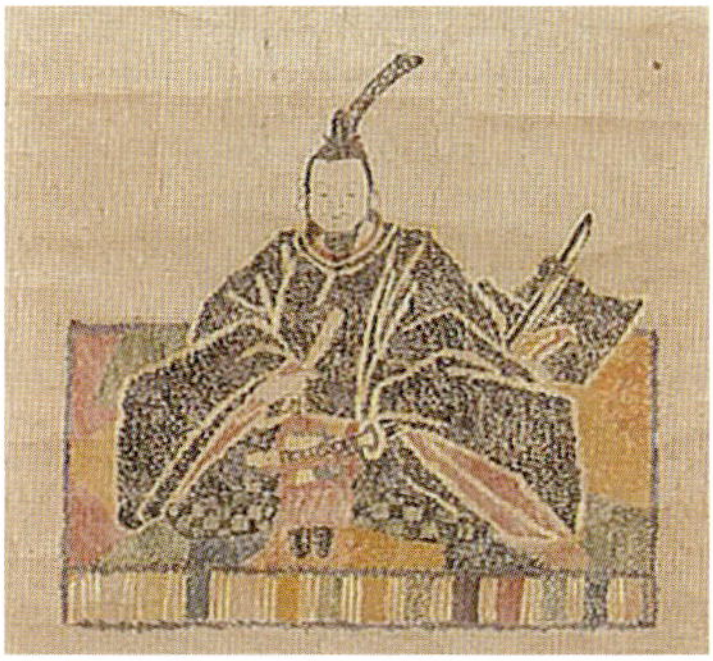
天神像幸千代《ゆきちよ》 『月照寺』所収

「7歳になると書を習い、やがて中国の古典《こてん》を学んだり、弓矢、剣術《けんじゅつ》などの武芸も始めたそうだ。」

「頭がよくて、勉強もできるし、運動もできるんだねえ。」

「でも10歳の時、元文《げんぶん》3年（1738）10月3日、お母さん岩宮《いわみや》（姫）が亡《な》くなられた。40歳だった。」

「3歳でお父さん、10歳でお母さんを亡《な》くしたのか、かわいそうだねえ。」

「母、岩宮《いわみや》は、幼いわが子宗衍《むねのぶ》をおいて死んでいく。たまらないねえ。心配だね。わが子のこれから将来のことが。そこで遺言書《ゆいごんしょ》を残しているんだ。」

「たとえば、どんなことが書いてあったの？」

「近ごろ、短命《たんめい》で終わる大名がおられるので、お酒はたしなむていどにして、健康第一で、長生きしてほしい。」

「お母さんとしては、10歳のわが子のことが心配でたまらぬまま、お亡《な》くなりになったんだねえ。お気のどくだね。」

「さて寛保《かんぽう》2年(1742)14歳のとき、元服《げんぷく》して、八代将軍"吉宗《よしむね》"の一字"宗"をいただいて、"宗衍《むねのぶ》"と改名《かいめい》した。"従四位下《じゅしいげ》"の位になり、"侍従《じじゅう》"に任命され、歴代藩主同様"出羽守《でわのかみ》"となった。」

酒はたしなむ
ていどにして
健康第一で、長生きして

「さあ、これでいよいよ、出雲へのお国入りだね。」

「延享《えんきょう》2年(1745)6月1日、17歳で初めて出雲入国。」

「家臣や領民《りょうみん》はきっと大歓迎《かんげい》しただろうなあ。」

「しかし、残念なことが起きたんだ。入国されてすぐの7月。大水害が発生した。連日の雨で、城下は1.8mも浸水《しんすい》。宗衍《むねのぶ》は自ら舟に乗って巡視《じゅんし》した。」

「うわー。不運だなあ。前途多難《ぜんとたなん》。不吉《ふきつ》な予感《よかん》がするよ。」

なかなか
いい世の中に
ならないね…。

15 財政《ざいせい》の悪化《あっか》

マアちゃんの予感が当たっていました。お父さんは暗い表情になりました。

「宗衍《むねのぶ》が出雲へ入国するずっと前から、出雲国は大変な状況だったんだ。」

お父さんは次々と具体的なことを話し出しました。

「宗衍《むねのぶ》が藩主になった翌年、享保《きょうほう》17年(1732)大規模な蝗害《こうがい》(害虫イナゴが大発生してせっかく実った稲穂《いなほ》を台無《だいな》しにする害)が発生し、被害《ひがい》は17万4000石余りとなり、収穫《しゅうかく》はわずか8万石になった。この年は、その後の天明《てんめい》3年(1783)と並んで〝松平時代の二大凶年《きょうねん》〟と言われているんだ。だから、年《ねん》貢《ぐ》に苦しむ百姓《ひゃくしょう》(農民)が一揆《いっき》を起こした。有名なのは神門《かんど》郡(出雲市南部)の百姓一揆《ひゃくしょういっき》だね。神門《かんど》郡以外の郡の村々からも大ぜいの百姓《ひゃくしょう》が、松江の城下に向けて押し寄せ、今の玉湯《たまゆ》町湯町《ゆまち》付近で鎮圧《ちんあつ》されたらしい。」

「不運《ふうん》だよ。風水害のほかにも、害虫による災害もあったんだねえ。」

「まだまだ大変だよ。翌年享保《きょうほう》18年(1733)、城下松江の百《ひゃく》姓《しょう》町から出火。広い範囲《はんい》にひろがって、松江城上御殿《じょううわごてん》(今、護国《ごこく》神社がある所)にも延焼《えんしょう》した。それからくり返しになるけど、延享《えんきょう》2年(1745)

上御殿《うわごてん》(北之丸)現在、護国《ごこく》神社の場所

の大水害。合計すると享保《きょうほう》17（1732）から明和《めいわ》2年（1765）までの34年間に、風水害、蝗害《こうがい》（イナゴによる害）、そして震災《しんさい》（地震《じしん》による災害）は、なんと15回もあったんだよ。」

「へぇー。そんなにたくさんあったのか、びっくりだ。」

「したがって農業生産力は急激《きゅうげき》に落ちた。さらに追《お》い打《う》ちをかけたのが、幕府から、京都の比叡《ひえい》山山門《ざんさんもん》の修理《しゅうり》工事を命じられたことだ。宝暦《ほうれき》11年（1761）着工《ちゃっこう》して翌年まで、一年半もかかった。」

「米の収かく量が減って、年貢《ねんぐ》も減って、おまけにたくさんの工事費か。藩の財政《ざいせい》が悪くなるのは当たり前だね。」

マアちゃんの表情も暗くなりました。

風水害に
害虫、火事、地震
山門の工事
悪くなる
ばかりだ。

16 延享《えんきょう》の改革《かいかく》 〜金融政策《きんゆうせいさく》〜

松江藩の財政《ざいせい》状況がますます悪くなってきました。

「マアちゃん、宗衍《むねのぶ》はその状況を打開《だかい》しようと、努力していくんだ。」

お父さんは右手を高々と挙《あ》げて話し出します。

「延享《えんきょう》2年(1745)17歳で出雲へ入国した宗衍《むねのぶ》は、さっそく有澤《ありさわ》、黒川、三谷《みたに》という重臣《じゅうしん》3人を当職《とうしき》(実際に政治を指揮《しき》する立場)にした。翌年延享《えんきょう》3年(1746)11月には、財政《ざいせい》ひっ迫《ぱく》のため、5年限定で家臣の俸禄《ほうろく》(給料)を半分にした。」

「給料が半分か。家臣は大変だねえ。それほど財政《ざいせい》が苦しかったんだね。」

「さあ、ここからだよ。宗衍《むねのぶ》が本腰《ほんごし》を入れるのは。延享《えんきょう》4年(1747)それまでの当職《とうしき》をやめさせて、中老《ちゅうろう》(家老《かろう》の下の地位《ちい》)の小田切備中尚足《おだぎりびっちゅうひさたり》を〝補佐《ほさ》〟という家老《かろう》に代わる重職《じゅうしょく》につけた。」

「この小田切《おだぎり》という人物を見込《みこ》んだわけか、宗《むね》衍《のぶ》は。」

「ここから小田切《おだぎり》は〝延享《えんきょう》の改革《かいかく》〟あるいは〝御《ご》趣向《しゅこう》の改革《かいかく》〟と言われる財政改革《ざいせいかいかく》を始めたんだよ。」

「その名前だけは、何となく聞いたことがあるよ。どんなことをしたの?」

「小田切《おだぎり》の財政改革《ざいせいかいかく》の中身については、『報国《ほうこく》』という、小田切《おだぎり》自身が書いた本の中でくわしく説明している。全部で40か条。従来《じゅうらい》のやり方つまり、百姓《ひゃくしょう》(農民)から年貢《ねんぐ》をとるという、支配《しはい》の原則ばかりに頼らないで、藩が、新しい産業《さんぎょう》をおこして、直接、商工業にかかわること。年貢《ねんぐ》の米《こめ》以外に、貨幣《かへい》での収入を増やしていこうという、要するに、藩の財政《ざいせい》を立て直そうという方針だよ。」

「なんだか、とてもよさそうな政治方針に思えるね。」

「政策《せいさく》としては大きく2種類あるんだよ。一つ目は財政難《ざいせいなん》をよくするための金融《きんゆう》。つまり、利子《りし》をつけて資金を貸したり、借りたりすること。二つ目は新しい産業《さんぎょう》を始めて、さかんにすること。」

マアちゃんは身を乗り出して質問します。

「一つ目の財政難《ざいせいなん》から抜け出すための金融政策《きんゆうせいさく》としては、どんなことをしたの？。」

「小田切《おだぎり》は家臣村上源蔵《げんぞう》（舎喜《しゃき》）の提案を取り上げ①"泉府方《せんぷかた》"という藩が経営する金融機関《きんゆうきかん》を設けた。寛延《かんえん》3年（1750）ごろから始めたようだ。」

「"松江藩銀行"みたいなものだね。どんな銀行なの？」

「藩内の豪農《ごうのう》（お金持ちの百姓《ひゃくしょう》）から資金を出させ、それに利子《りし》1割《わり》5分《ぶ》（15パーセント）をつけて、一般のお客に貸し付けるやり方らしい。」

「うわー。1割《わり》5分《ぶ》も高い利子《りし》がついているなら、相当利益《そうとうりえき》が出たんでしょ。1,000円貸したら、150円のもうけになるよ。」

「最初はかなり、よかったようだが、やがて、資金が回らなくなって行き詰《づ》まったんだ。豪農《ごうのう》の信用をなくして数年後、破《は》たんした。これが、小田切《おだぎり》の退場《たいじょう》する原因となった。」

「残念《ざんねん》だね。今で言う"銀行破《は》たん"だね。じゃあ、ほかにやったことは？」

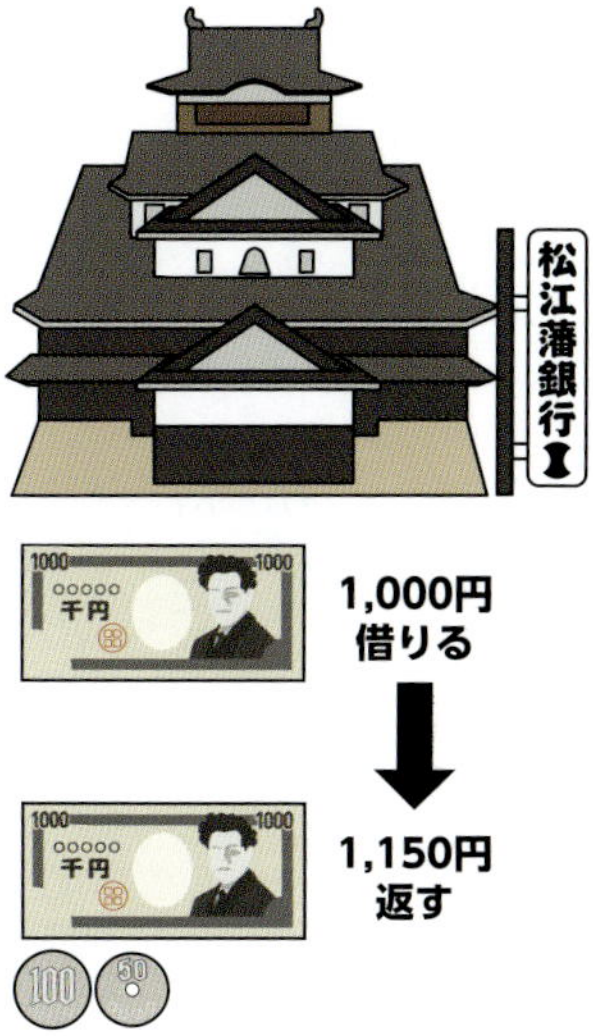

「② 〝義田《ぎでん》の法《ほう》〟という制度だね。これは税《ぜい》の前《ぜん》納《のう》制度だよ。前もって長期間の年貢《ねんぐ》をまとめて、先に納めると、その年貢《ねんぐ》高に対して、永久に、あるいは一定期間、税を払《はら》わなくてもよいという〝免《めん》税《ぜい》〟の制度。」

「その証明書〝証文《しょうもん》〟の一例が松江歴史館で展示してあるよ。」

「お金持ちの百姓《ひゃくしょう》にとってはありがたいね。それから、その証文《しょうもん》とはどんなものか、ぜひ松江歴史館で見ておこうっと。」

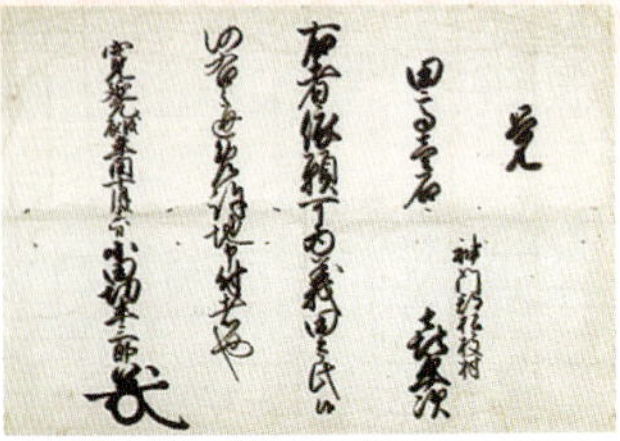

覚

田高壱石　神戸郡松枝村　喜平次

右者依願可為義田之民候、
仍右之通免許地申付者也、
寛延元年戊辰年閏十月十六日　小田切半三郎(花押)

意味

小田切半三郎から喜平次宛て願い出により義田の民とし、田地一石分の税を免税する。

義田証文《ぎでんしょうもん》　松江市蔵

松江歴史館発行「雲州松江の歴史をひもとく」より

「③ 〝新田方《しんでんかた》〟というものもあった。これは新田開発の予定地から、納めるべき数年分の年貢《ねんぐ》を、前もって先に納めると〝免税《めんぜい》〟になった。」

「これも新しい水田づくりができる百姓《ひゃくしょう》にとっては有利な制度だねぇ。」

「だから、これら①②③の金融政策《きんゆうせいさく》は、藩と富裕《ふゆう》農民たちが連携《れんけい》して、手をつないで行われたものだった。そういう有力農民には〝苗字帯刀《みょうじたいとう》〟(武士のように苗字《みょうじ》をつけ、刀を差《さ》してもよい)〝合《かっ》羽御免《ばごめん》〟(武士のように雨合羽《あまがっぱ》(レインコート)の着用を許可)という権利を与えて、協力してもらったんだ。」

「なるほどねえ。そういう金融政策《きんゆうせいさく》だったのかあ。では、次の二つ目、新しい産業《さんぎょう》は?」

17 延享《えんきょう》の改革《かいかく》 ～新たな産業政策《さんぎょうせいさく》～

お父さんは〝延享《えんきょう》の改革《かいかく》〟の〝金融政策《きんゆうせいさく》〟の次に、もう一本の柱〝新たな産業《さんぎょう》〟について語り出しました。

「①〝木苗方《きなえかた》〟という、役所《やくしょ》をつくった。のちに〝木実方《きのみかた》〟に名前が変わって発展する。」

「あっ、お父さん、この間、松江城見学の時に歩いた〝下御殿《しもごてん》〟の所にあったねえ。現代風に言うと確《たし》か〝農業改良普及所《かいりょうふきゅうしょ》〟だったね。」

「そう、よく覚《おぼ》えていたねえ。商品になる作物の研究《けんきゅう》や普及《ふきゅう》によって、新しい産業《さんぎょう》を興《お》こすことを目標とした役所《やくしょ》だよ。木綿《もめん》、煙草《たばこ》、櫨蝋《はぜろう》、薬用《やくよう》人参《にんじん》など、後の松江藩の財政《ざいせい》を支えることにつながったんだ。」

「二つ目は②〝木実方《きのみかた》〟を寛延《かんえん》元年（1748）設置《せっち》した。

天和《てんな》3年（1683）～元禄《げんろく》5年（1692）頃の松江城（部分）
木苗方《きなえかた》があった下御殿《しもごてん》が描《か》かれている
三谷健司氏蔵

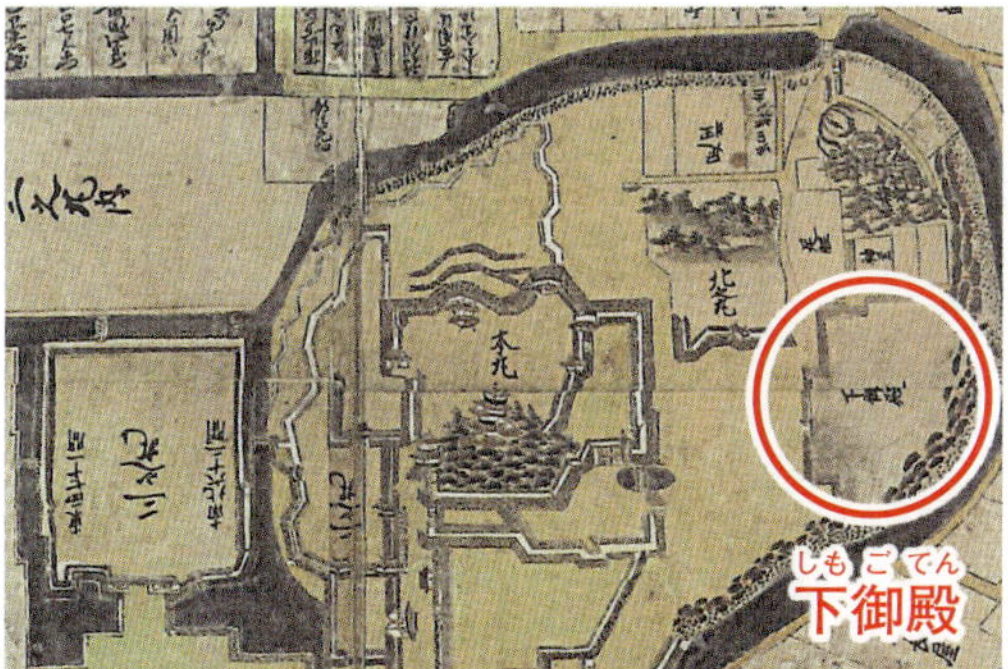

現在の木苗方《きなえかた》（下御殿《しもごてん》）推定地あたり

藩が直接経営した工場。出雲国内に植えた数十万本の櫨《はぜ》の木の実を集めて、ここで絞《しぼ》って、蝋燭《ろうそく》を作った。〝櫨蝋《はぜろう》〟と言う。櫨蝋《はぜろう》作りは、前の時代からあったけど、この時期から規模《きぼ》が拡大したんだ。しかも、だれでも商売ができない、藩だけが商品として扱《あつか》える〝専売制《せんばいせい》〟にした。そうやって、日本の経済の中心地大坂（阪）へ出荷《しゅっか》した。」

「藩だけもうかるしくみだね。」

「そうだよ。〝巨万《きょまん》の富《とみ》〟を稼《かせ》いだそうだ。安永《あんえい》3年（1774）宗衍《むねのぶ》の長女〝五百姫《いおひめ》〟が稲葉《いなば》丹後守正諶《たんごのかみまさのぶ》に嫁入りする時の結婚式費用9000両も、このハゼロウの収入でまかなったそうだ。『松平不昧伝《ふまいでん》』と『出雲私史《しし》』という本に〝ハゼの実は美濃《みの》（岐阜県《ぎふ》）より取り寄せたのち始まる〟とか〝寛延《かんえん》元年（1748）ハゼを各地の山および川堤《かわづつみ》（川の両側の堤防）に植えさせ、漆《うるし》、ハゼを買って、ろうを製《せい》する（製造《せいぞう》する）ことを木実方《きのみかた》の事業として、上下《かみしも》（身分の上の方から、下の方まで）

琉球櫨《りゅうきゅうはぜ》の実《み》

松江歴史館発行
「雲州松江の歴史をひもとく」より

「木実方秘伝書《きのみかたひでんしょ》」挿絵《さしえ》

櫨《はぜ》の実《み》をくだき、蒸《む》し、しぼり、ろうにしました。

松江歴史館発行
「雲州松江の歴史をひもとく」より

大いに利《り》(利益《りえき》)を得《え》た"と書かれている。」

「へえー。ハゼの木は手でさわると、木の汁《しる》で、皮《ひ》ふがまっ赤に、はれ上がって、とてもいやな木なのに、こんな長所もあったのかあ。そういえば、ハゼは、川の両岸とか、山の奥の谷間とか、ふだん通らない所に茂《しげ》っているけど、それは、わざと水田や畑以外の場所に植えさせたんだねえ。」

「マアちゃん、その通りだよ。藩は、ハゼの実を年貢《ねんぐ》として、税として、取り立てていたんだ。」

マアちゃんは感心した顔つきになりました。

上講武村山絵図《かみこうぶむらやまえず》(部分)　松江・鹿島町上講武集会堂蔵　松江歴史館発行「雲州松江の歴史をひもとく」より

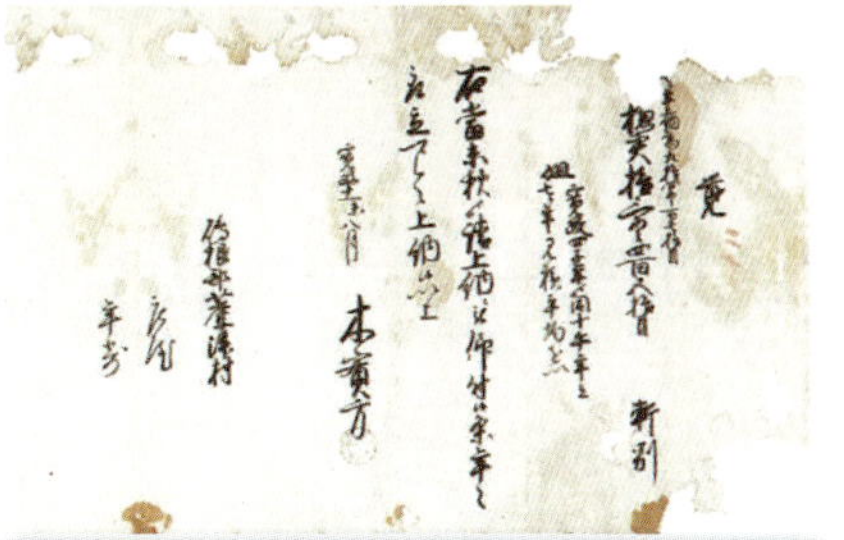

覚

七ケ年上納高九拾四貫百七拾目
櫨実拾三貫四百五拾目　軒別
但 寛政四子年より同拾午年迄
七ケ年見積平均を以、
右当未秋より請上納ニ被仰付候条、年々
取立可令上納候、以上
寛政十一未八月　木実方
島根郡薦津村
庄屋
年寄

木実方役所覚書《きのみかたやくしょおぼえがき》　山根克彦氏蔵
松江歴史館発行「雲州松江の歴史をひもとく」より

意味

木実《きのみ》方から島根郡薦津《こもつ》村庄屋《しょうや》・年寄《としより》宛《あ》て
一軒《けん》につき毎年一三貫《かん》四五〇目の櫨《はぜ》の実を上納《じょうのう》すること。
今後七か年かけて九四貫《かん》一七〇目を上納《じょうのう》する、これは寛政《かんせい》四～一〇年まで七年間の平均で算出《さんしゅつ》した量である。今年の秋から上納《じょうのう》するよう命《めい》じるので、家々から取り立てて上納《じょうのう》しなさい。
※一貫《かん》＝三・七三六kg。軒別《のきべつ》一年で五〇・二kg。七年で三五一・八kg。

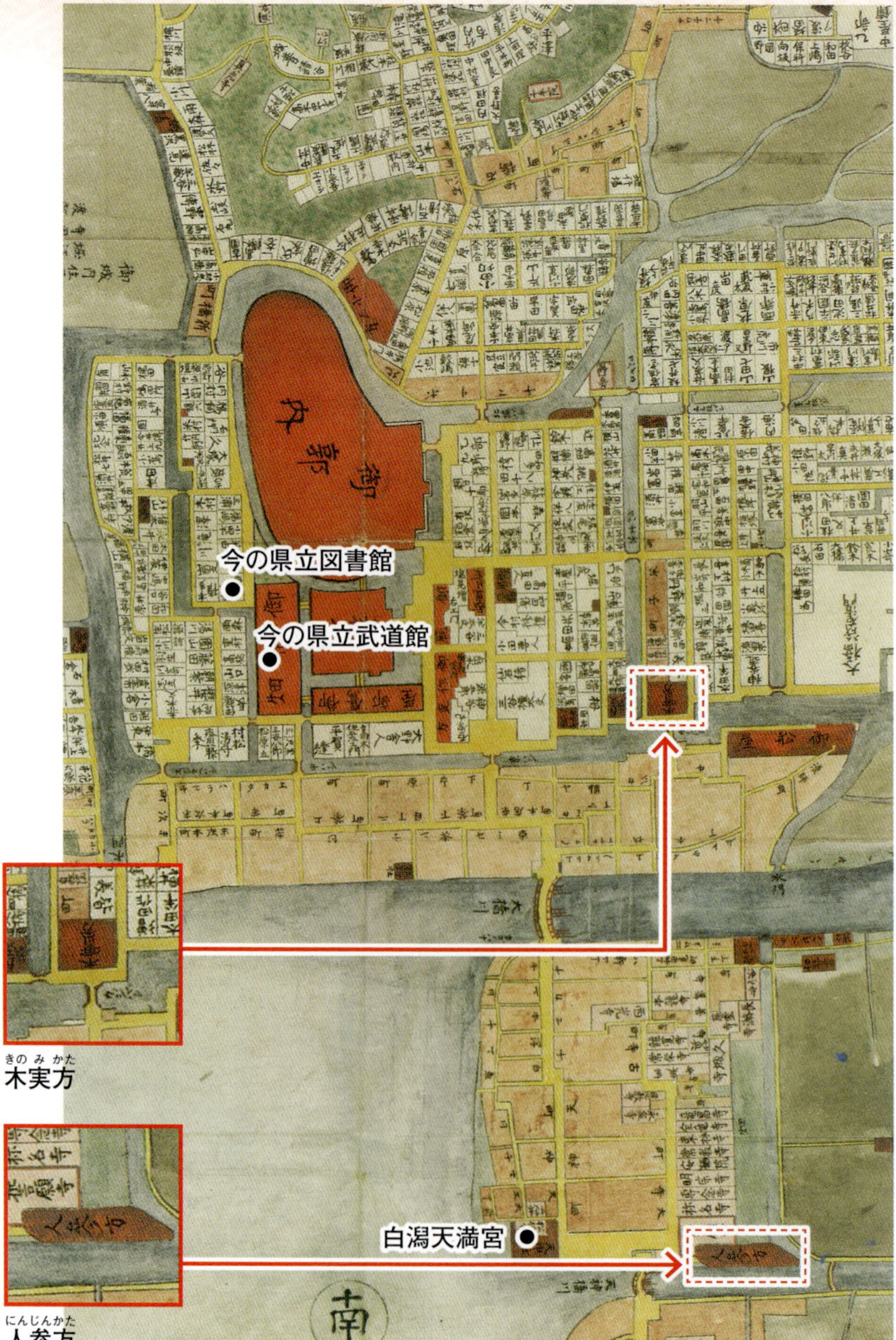

松平《まつだいら》期《き》松江《まつえ》城下町《じょうかまち》絵図《えず》（万延《まんえん》元～文久《ぶんきゅう》元）1860—61年
島根大学附属図書館蔵〈原図〉39.5×49.8㎝

「こうやって宗衍《むねのぶ》から以降も、〝木実方《きのみかた》〟は一層拡大《かくだい》していった。〝人参方《にんじんかた》〟とともに、松江藩の有力な財源《ざいげん》になっていったんだよ。」

「一度、ハゼロウで出来たロウソクに火をつけてみたいね。お父さん、買ってきて、やってみようよ。」

「よし、わかったマアちゃん。ところで、人参栽培《にんじんさいばい》は、松江城の下御殿《しもごてん》にあった〝木苗方《きなえかた》〟から〝常平方《じょうへいかた》〟そして〝人参方《にんじんかた》〟というふうに、取り扱う役所《やくしょ》が、変わっていったんだよ。」

「じゃあ、お父さん〝木実方《きのみかた》〟はどこにあったの？〝人参方《にんじんかた》〟はどこ？」

お父さんは、地図を出して教えます。

「木実方《きのみかた》は今の松江市南田町《みなみたまち》の鍛冶橋北詰《かじばしきたづめ》のあたり。人参方《にんじんかた》は最初、古志原《こしばら》の、今の松江工業高校の北側あたりにあった。後に、文化《ぶんか》8年(1811)または文化《ぶんか》10年(1813)に、寺町に移ったんだ。」

「あっ、そう言えば寺町に〝人参方《にんじんかた》〟という地名

最初の人参方《にんじんかた》推定地の状況
松江市古志原《こしばら》
松江工業高校の北側あたり

今に伝わる人参方《にんじんかた》の門
明治時代　松江市寺町《てらまち》
松江歴史館発行「雲州松江の歴史をひもとく」より

があって、役所《やくしょ》の入口の門らしい建物が残っているよ。ぼくも知っている。」

お父さんは、話を移しました。

「三つ目は③　〝鉄方《てつかた》〟といって　〝たたら製鉄《せいてつ》〟の生産から流通《りゅうつう》まで管理する役所《やくしょ》を設けた。」

「四つ目は④　〝鍋座《なべざ》〟という役所《やくしょ》だね。マアちゃん　〝銑鉄《せんてつ》〟というもの、知ってる？」

「少しだけ知っているよ。鉄の仲間で、硬《かた》いけど、刀や包丁《ほうちょう》のように、ねばりがない部類でしょ。」

「よく知っていたねえ。その銑鉄《せんてつ》を鍋《なべ》や釜《かま》（ごはんを炊《た》く時に使う）などの商品にして、値打《ねう》ちをつけて販売する所だよ。藩が一手に、丸がかえで商売する　〝専売《せんばい》〟の方法をとったんだ。のち、宝暦《ほうれき》6年（1756）か7年（1757）頃には、大規模《だいきぼ》な鋳物《いもの》（銑鉄《せんてつ》や銅《どう》で作った品物）を製造《せいぞう》する　〝釜甑方《ふそうかた》〟に発展する。」

「〝釜甑方《ふそうかた》〟って、何だかむずかしそうな名前の役所《やくしょ》だね。場所はどこなの？」

鉄《てつ》製品の原材料となる銑《ずく》

奥出雲のたたらで製鉄《せいてつ》をし、鉄《てつ》製品の材料として他の藩に売り出していました。鉄《てつ》製品は藩内では作らず、他藩から買っていましたが、釜甑《ふそう》方《かた》（鉄《てつ》製品を作る係）を現在の幸町《さいわいまち》に設置してからは、藩内でも鉄《てつ》製品がつくれられるようになりました。

松江歴史館発行
「雲州松江の歴史をひもとく」

お父さんは、松江市内の地図を出して

「ほら、ここだよ。今の島根県立美術館大駐車場の南東方向にあったんだ。」

「お父さん、大体の見当がついたよ。松江歴史館の展示室で紹介してあったよ。今、思い出したよ。」

「ここも松江藩が直接経営する鋳造所《ちゅうぞうしょ》。〝湖山《こざん》記録〟という資料によると、宝暦《ほうれき》9年（1759）お寺の鐘《かね》〝梵鐘《ぼんしょう》〟も製造したようだ。ここでは、鍋《なべ》、釜《かま》、釣鐘《つりがね》など、鋳物《いもの》類をお客の好みに応じてつくって、それを〝鍋座《なべざ》〟で、一定の価格にして売らせたんだ。当初、近江《おうみ》（滋賀県）や安芸《あき》（広島県）から職人

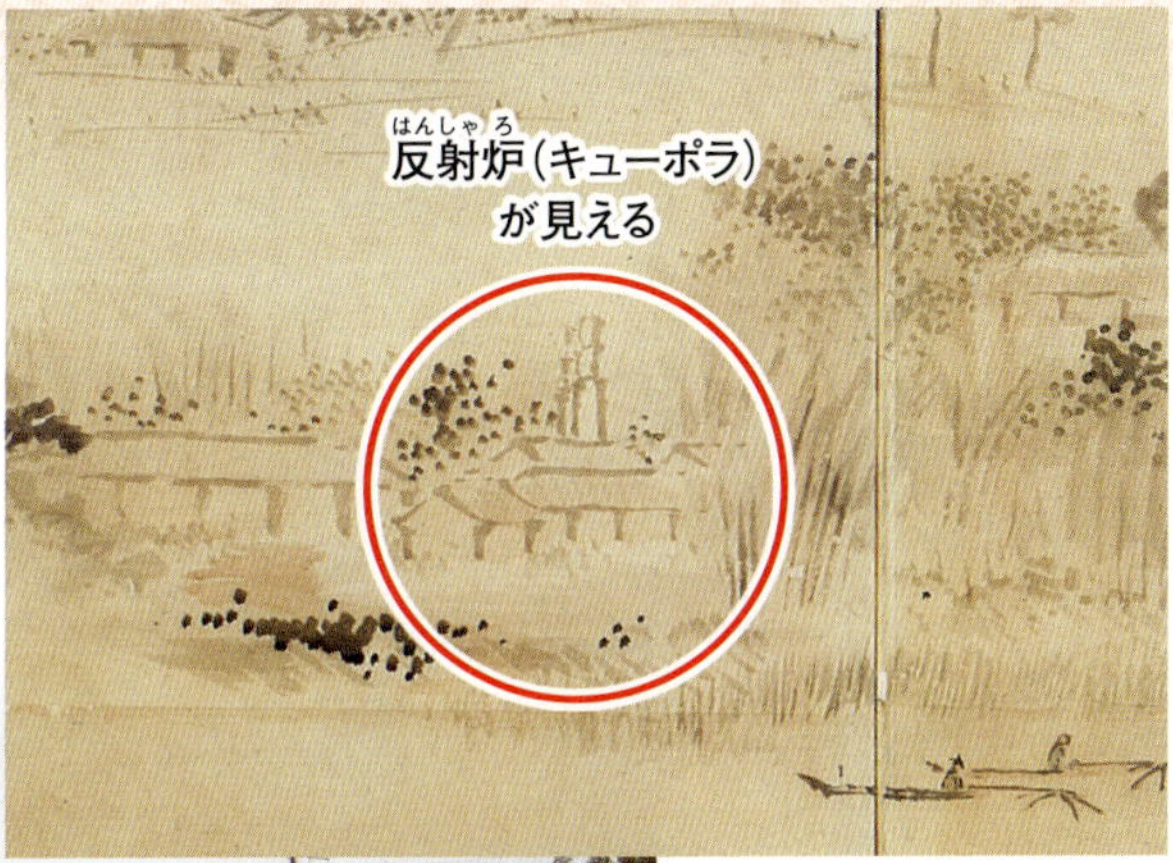

松江藩の反射炉《はんしゃろ》
「キューポラ」
松江城下図(部分)
松江市蔵
松江歴史館発行
「雲州松江の歴史をひもとく」より

現在の釜甑方《ふそうかた》推定地の状況
松江市幸町《さいわいまち》
島根県立美術館
大駐車場の南東方向

を招いて、習ったそうだ。のちに、燭台《しょくだい》(ロウソクを立てる台)や銅壺《どうこ》(青銅《せいどう》製の壺《つぼ》)、火鉢《ひばち》なども作ったらしい。」

「へえー。現在、あの辺りに、そんな工場のふんい気は全く感じられないけどねえ。」

ここで一息ついた、と思ったらお父さんがちょっと声の調子を落としました。

「しかしねえ、マアちゃん。こうやって次々と改革《かいかく》は実行されていったけど、結局、宝暦《ほうれき》3年(1753)金融《きんゆう》機関《きかん》の〝泉府方《せんぷかた》〟の運営が行き詰《づ》まって小田切尚《おだぎりひさ》足《たり》が退役《たいえき》(役目を退《しりぞ》く)したことをきっかけにして終わるんだよ。せっかくスタートした〝延享《えんきょう》の改革《かいかく》〟は6年後に終わってしまうんだ。そしてそれは、14年後、明和《めいわ》4年(1767)の宗衍《むねのぶ》お殿様引退《いんたい》につながっていくんだね。」

マアちゃんも、ちょっとがっかりした顔つきになりました。

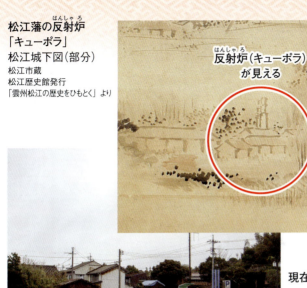

18 宗衍《むねのぶ》の隠退《いんたい》と晩年《ばんねん》 ～財政《ざいせい》ひっ迫《ぱく》～

6年におよぶ〝延享《えんきょう》の改革《かいかく》〟はうまくいきませんでした。

「お父さん、そうすると松江藩の財政《ざいせい》はますます苦しくなったんでしょう。自然災害《さいがい》や農作物がほとんど収《しゅう》かくできない凶作《きょうさく》が何度もあったし。」

「そうなんだ。まず、①飢饉《ききん》対策《たいさく》にお金がかかった。不作《ふさく》で食物が不足《ふそく》し、人々が飢《う》えに苦しんでいるのを救《すく》わなくてはいけない。次に②宝暦《ほうれき》11年(1761)から翌年にかけて、京都の比叡山延暦寺《ひえいざんえんりゃくじ》を修理するのに、数万両も費《つい》やした。三つ目は③延享《えんきょう》元年(1744)幕府の命令《めいれい》で出雲大社造営《ぞうえい》にもかかわった。最近、遷宮《せんぐう》のあった本殿《ほんでん》は、この時、建てられたものだったんだ。そして四つ目は④宝暦《ほうれき》5年(1755)九代将軍家重《いえしげ》の代理として、京都の御所《ごしょ》へ出

現在の出雲大社本殿付近

現在の比叡山延暦寺《ひえいざんえんりゃくじ》(山門)

むき、天皇と后《きさき》との結婚をお祝いする仕事もした。これにもかなりの経費《けいひ》が必要だった。」

「これは大変なことだね。」

「そこで家臣の給料を減《へ》らしたけど、これぐらいではどうにもならない。藩の財政《ざいせい》が苦しいから、金持ちの百姓《ひゃくしょう》や町人から借りたお金が返せない。だから、藩の信用がなくなってしまった。おまけに、比叡山延暦寺《ひえいざんえんりゃくじ》の工事をする前年の大洪水《だいこうずい》で、年貢《ねんぐ》収入はわずか24万石。一方で藩の金融業《きんゆうぎょう》も、うまくいかない。松江城下では騒動《そうどう》だよ。」

「まさに八方《はっぽう》ふさがりだね。デモ隊《たい》だね。」

「そこで、国中の下郡《したごおり》(いくつかの村をたばねた郡《ぐん》のトップリーダーの百姓《ひゃくしょう》)を拝《おが》みたおし、それに応じてくれた何万俵《びょう》の米を使って、何とか急場《きゅうば》をしのいだそうだ。」

「それじゃあ、窮地《きゅうち》を救ってくれた下郡様《したごおりさま》さまだね。」

「だから、"貸《か》し"をつくったことになった下郡《したごおり》に、郡《ぐん》内の村々の支配をまかせる形に、やむなくなったんだ。藩財政《ざいせい》の権威《けんい》は失われたね。」

「そういう情報は江戸にも伝わったんでしょう。」

「そうなんだ。江戸でも松江藩の財政《ざいせい》ひっ迫《ぱく》は知れわたった。『秘書《ひしょ》』という資料には"出羽《でわ》様(松江藩主松平出羽守《でわのかみ》)御滅亡《ごめつぼう》…壱《いち》(一)両もか(貸)し候《そうろう》もの(者)無御座候《なくござそうろう》"つまり松江藩は滅《ほろ》びそうで、たった一両も貸《か》す人がいないと。」

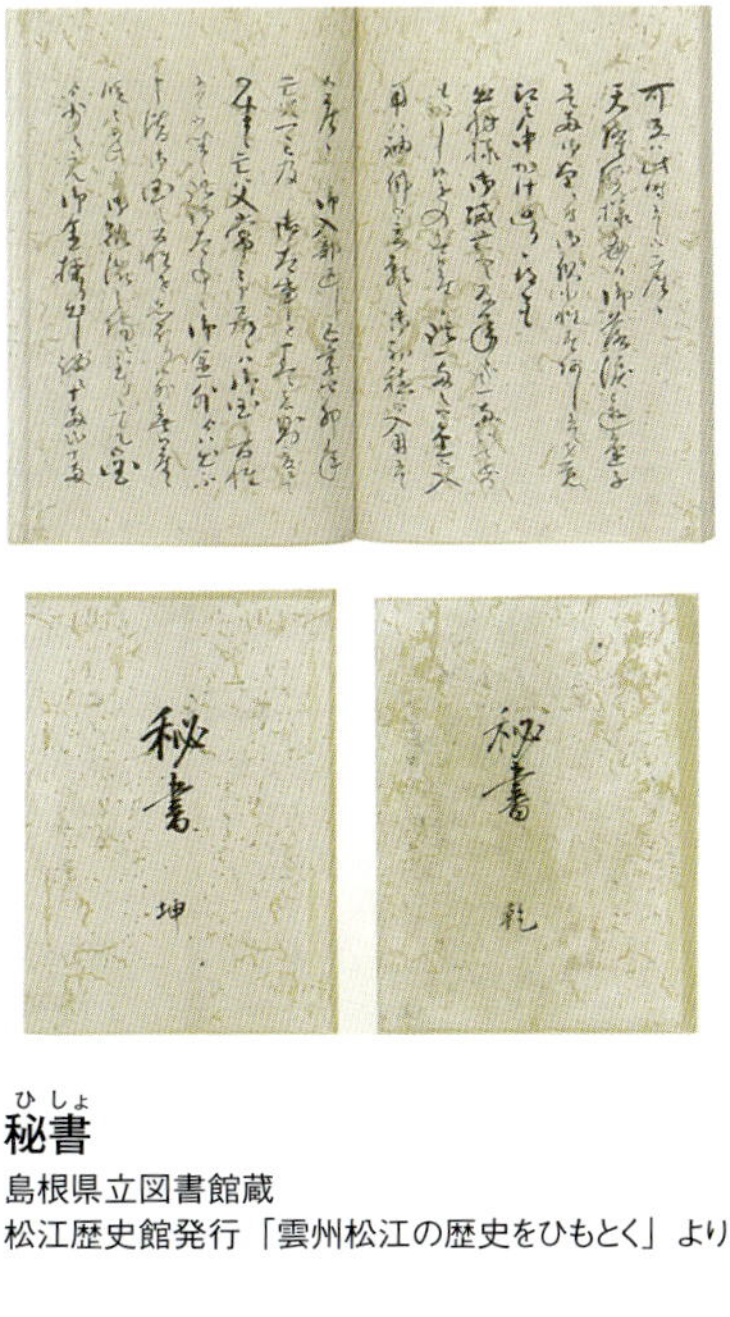

秘書《ひしょ》
島根県立図書館蔵
松江歴史館発行「雲州松江の歴史をひもとく」より

「ひどいねえ。そこまで言われるとは。」

「そこで、とうとう明和《めいわ》3年(1766)8月、世《よ》つぎ(跡《あと》つぎ)の息子《むすこ》治郷《はるさと》を出雲へ入国させ、家老《かろう》朝日郷保《さとやす》を、その治郷《はるさと》の後見《こうけん》(指導役《しどう》)とし、当職《とうしょく》(実《じっ》際《さい》の政治を行うリーダー)に任命《にんめい》した。そうやって郷保《さとやす》に財政《ざいせい》の整理作業をさせたんだ。」

「へぇー。すると、宗衍《むねのぶ》に見こまれた、その朝日郷保《さとやす》という家老《かろう》は、よっぽど優秀な方だったんだね。」

「そうだよ。宗衍《むねのぶ》は朝日郷保《さとやす》を財政《ざいせい》立て直しの切り札《ふだ》として抜《ばっ》てきした。明和《めいわ》4年(1767)7月、宗《むね》衍《のぶ》は郷保《さとやす》を招《まね》いて"今冬《いまのふゆ》、請《こ》フ《う》テ《て》、政《まつりごと》(政治)ヲ《を》世子《せいし》(世つぎの子供《こども》つまり治郷《はるさと》)ニ《に》譲《ゆず》ラ《ら》ン《ん》ト《と》欲《ほっ》ス《す》。汝等《なんじら》(おまえたち)ヨ《よ》ク《く》世子《せいし》ヲ《を》導《みちび》キ《き》、国《くに》ノ《の》疲弊《ひへい》(疲《つか》れている状態)ヲ《を》救《すく》ヒ《い》、以《もっ》テ《て》、我《わ》ガ恥《はじ》ヲ《を》雪《そそ》ケヨ(私の恥を雪のようにとかしてしまいなさい。)"と言いわたしたそうだ。」

「財政《ざいせい》ひっ迫《ぱく》になったことは、自分の恥《はじ》だとおっしゃているんだね。そうじゃないよ。それまでの代々のお殿様時代の財政難《ざいせいなん》がずっと続いて、影響《えいきょう》したんだよ。今までのツケが積《つ》もり積《つ》もっただけで、絶対に一人の責任《せきにん》じゃないよ。」

マアちゃんは、高い調子《ちょうし》の声でそう言い切りました。

「その年明和《めいわ》4年(1767)10月に、責任《せきにん》をとって隠《いん》居《きょ》することを表明《ひょうめい》し、11月27日、39歳で隠居《いんきょ》され、その後は"主計頭《かずえのかみ》"と名乗《なの》られた。10年後の安永《あんえい》6年(1777)には"南海《なんかい》"という号《ごう》(本名とは別の名)をつけられた。」

「とうとう隠退《いんたい》されたんだねえ。でも、お殿様として3歳から39歳まで36年間も長い間努力されたから、すばらしいよ。幼い頃から大変苦労された偉大《いだい》な尊敬《そんけい》すべきお殿様だよ。」

マアちゃんは、はっきり言いました。

19 宗衍《むねのぶ》の人づくり政策《せいさく》

「マアちゃんだけでなく、みんなが大《おお》いに尊敬《そんけい》すべき藩主だよ。宗衍《むねのぶ》は。」

お父さんはまず、宝暦《ほうれき》2年(1752)正月に宗衍《むねのぶ》が諭《さと》した藩士の心構《がま》え『家中制法《かちゅうせいほう》』を示《しめ》しました。

「うわっ。むずかしい。」

「そうだね、みんなで、18項目もあるからね。長くなるから中身は細かく説明しないけど、とにかく、守るべき決まりをきちんと教えているね。りっぱだよ。」

次に、お父さんは語り出しました。

「宗衍《むねのぶ》は財政難《ざいせいなん》の中でも、学問や文学を奨励《しょうれい》した。寛延《かんえん》2年(1749)江戸の藩邸《はんてい》の中に、荻生徂徠《おぎゅうそらい》という有名な学者の弟子《でし》だった宇佐美恵助《うさみえすけ》に〝文学《ぶんがく》所《しょ》〟という学びの場をつくらせた。そして宝暦《ほうれき》8

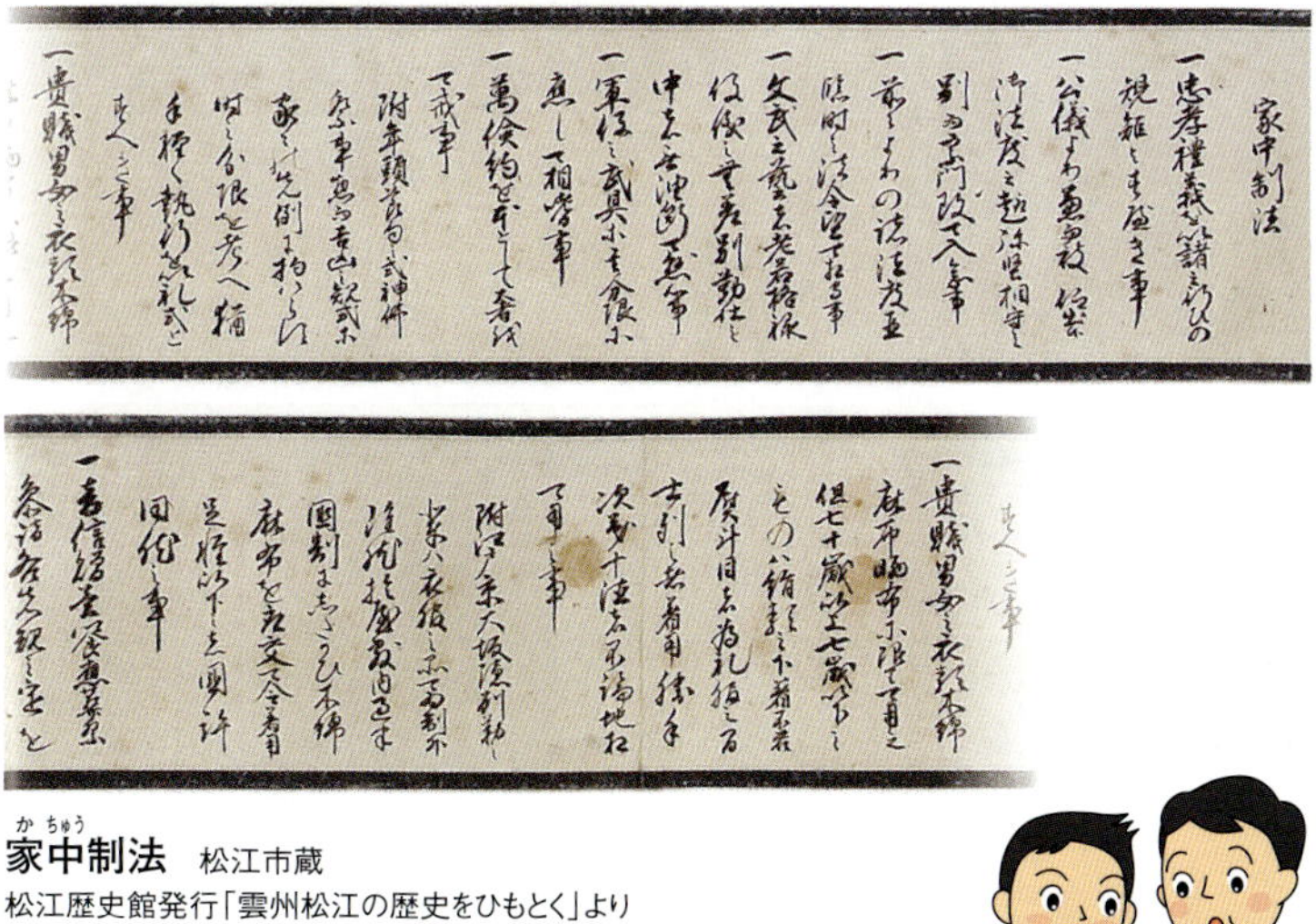

家中《かちゅう》制法 松江市蔵

松江歴史館発行「雲州松江の歴史をひもとく」より

18項目もあるからね。
とにかく、守るべき決まりを
きちんと教えているね。

現在の文明館跡地《ぶんめいかんあと》の状況
松江市母衣町《ほろまち》島根県教育会館敷地

敷地内にある石碑《せきひ》「明教館跡《めいきょうかんあと》」
宗衍《むねのぶ》の時代には文明館《ぶんめいかん》、治郷《はるさと》の時代には明教館《めいきょうかん》と変わる。

年(1758)には、中国の朱子学《しゅしがく》を学んだ桃源蔵《ももげんぞう》(白鹿《はくろく》)を先生として、今の松江市母衣町《ほろまち》に"文明館《ぶんめいかん》"という学校をつくらせた。これが松江藩の藩士《はんし》(家臣《かしん》)とその子どもたちの学校"藩校"の始まりだよ。この藩校はのちの松江藩の数多くのすぐれた人材を育てていくことになったんだ。」

「すごいね宗衍《むねのぶ》というお殿様は。ずっと先のことを見すえて学問や学校に力をいれたんだね。」

「亡《な》くなられる4年前、安永《あんえい》7年(1778)には、松江の月照寺《げっしょうじ》の境内《けいだい》に"寿蔵碑《じゅぞうひ》"(死後《しご》ではなく生前《せいぜん》

朝日丹波《あさひたんば》記念碑
(桃源蔵《ももげんぞう》の作文)
月照寺《げっしょうじ》境内《けいだい》、第七代治郷廟《はるさとびょう》所《しょ》入口、石段最上段の左側

に建てる墓《はか》）を建立《こんりゅう》するように命《めい》じられた。」

「ぼくがよく知っているあれだ。〝大亀《おおがめ》の石〟だね。」

「寿蔵碑《じゅぞうひ》については、あとで、もうちょっとくわしくお話するから、ちょっと待って。」

お父さんは、資料の最後のページをめくりました。

「とうとう天明《てんめい》2年（1782）10月4日、江戸赤坂館《あかさかやかた》でお亡《な》くなりになった。54歳。法名は天隆院《てんりゅういん》。江戸の天徳寺《てんとくじ》に葬《ほうむ》られ、月照寺《げっしょうじ》に分骨《ぶんこつ》された。奥方《おくがた》は〝正室〟が姫路《ひめじ》藩主（兵庫県）松平大和守明矩《やまとのかみあきのり》の娘〝常〟（立信院《りゅうしんいん》）。しかし、子どもさんに恵まれなかった。その後、側室《そくしつ》の〝歌木〟（大森氏）との間に、男女を5人さずかった。長男千代松様は寛延《かんえん》2年（1749）6月12日に誕生されたが、8月26日に亡《な》くなられた。そして次男が、次のお殿様、治郷《はるさと》になる。つづいて三男衍親《のぶちか》様（雪川《せっせん》）、長女五百姫《いおひめ》、次女幾百姫《きおひめ》というふうにね。」

寿蔵碑《じゅぞうひ》

宗衍《むねのぶ》の墓石前に建立《こんりゅう》された墓前碑《ぼぜんひ》。

通称《つうしょう》「大亀《おおがめ》の石」

宗衍《むねのぶ》の廟所《びょうしょ》（墓所《ぼしょ》）

特別付録

月《げっ》照《しょう》寺《じ》寿《じゅ》蔵《ぞう》碑《ひ》（大亀《おおがめ》の石）の謎《なぞ》を解《と》く

～初挑戦《はつちょうせん》!! 碑《ひ》身《しん》の裏側《うらがわ》（碑《ひ》陰《いん》）の碑《ひ》文《ぶん》を解読《かいどく》!!～

お父さんも、思いきって
チャレンジしたんだねえ。
その結果、
新発見したんだ。

① びっくり!! 寿蔵碑《じゅぞうひ》（大亀《おおがめ》の石）は宗衍《むねのぶ》が命《めい》じたものだった!!

二人は月照寺境内《げっしょうじけいだい》の奥《おく》へ入って、六代宗衍《むねのぶ》の廟《びょう》所《しょ》に到着しました。まず廟門《びょうもん》の前で一礼《いちれい》し、墓石に手を合わせ、そして、墓前碑《ぼぜんひ》になっている寿蔵《じゅぞう》碑《ひ》（大亀《おおがめ》の石）の前に立ちました。

「ぼくは何度も来たことがあるけど、いつ見ても、この大きさに圧倒《あっとう》されるよ。亀《かめ》の形をした龍《りゅう》の子ども。すごいよ。それといつも気にかかるのは亀石《かめいし》が背負《せお》っている〝碑身《ひしん》〟の表面に書かれている文章。小さな漢字がびっしり刻《きざ》まれているけど、何《なん》て書いてあるんだろう。とりあえず、ぼくの今までの知識《ちしき》で言うよ。これは、宗衍《むねのぶ》が50歳になられたことをお祝いして、息子の治郷《はるさと》（不昧公《ふまいこう》）が自発《じはつ》的に思いついて、お父上の功績《こうせき》をたたえ、さらに寿命《じゅみょう》が延《の》びていかれるようにと祈願《きがん》して、建立《こんりゅう》されたものだと。」

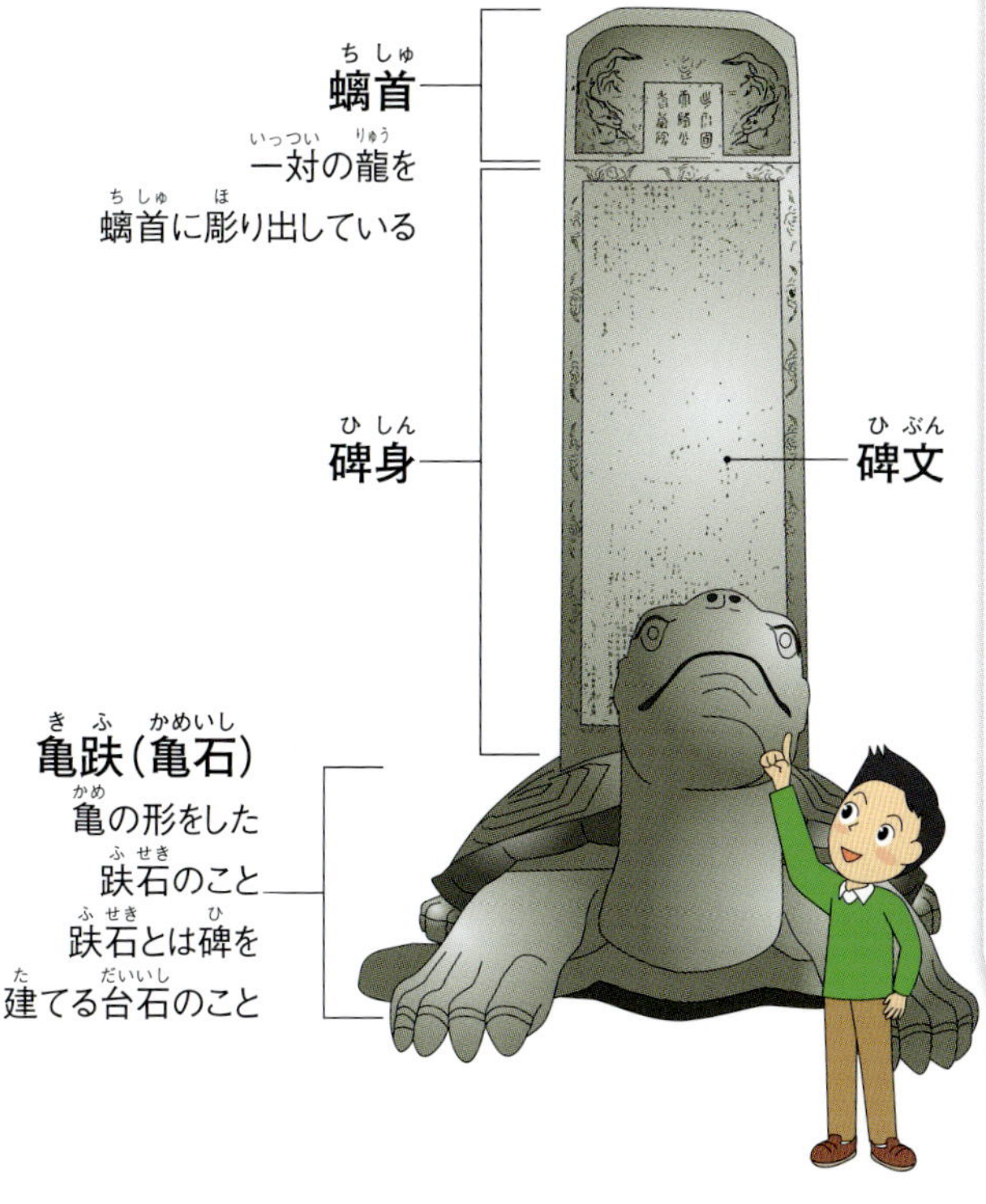

「マアちゃんよくおぼえていたね。それじゃあ、今からもう一度、以前勉強したことの復習だよ。」

松平宗衍寿蔵碑《まつだいらむねのぶじゅぞうひ》のおさらい（復習《ふくしゅう》）編

「それじゃあ、以前勉強したことの復習だよ。」

「この松江市月照寺境内にある石づくりの大亀には、夜《よ》な夜《よ》な近くのハス池で泳いだという伝説があるんだね。小泉八雲は『知られぬ日本の面影《おもかげ》』（別名『日本瞥見記《べっけんき》』）の中で、〝真夜中にのそりのそり這《は》い出して、近くのハス池にはいって泳ごうとした〟と記して紹介しているんだよ。亀の全長は5m余り、背中にのった寿蔵碑《じゅぞうひ》を含《ふく》めた高さは約4.5mもあるんだ。」

「この大亀の石が寿蔵碑《じゅぞうひ》と呼ばれているのは？」

「この巨石は松江藩主松平家六代宗衍《むねのぶ》（法号　〝天隆院《てんりゅういん》〟号　〝南海《なんかい》〟）の徳《とく》を讃《たた》え、もっともっと長生きされますようにと、息子七代治郷《はるさと》（不昧《ふまい》公）が、父宗衍が生きているうちに建てようとしたためなんだ。〝寿蔵碑《じゅぞうひ》〟は〝逆修墓《ぎゃくしゅうばか》〟と同じで、生前に建てるわけだね。」

「大亀《おおがめ》の背中にのる碑文《ひぶん》は、天愚孔平《てんぐこうへい》が考えた。1941文字が刻《きざ》まれている。書いたのは、その頃一番という評判の書家、豊後《ぶんご》国（大分県）杵築《きつき》藩士藤山惟熊《ただくま》。文章の最後に安永《あんえい》7（1778）年3月と書かれているけど、実際に建立《こんりゅう》されたのは、4年後だったようだよ。それを裏付《うらづ》ける史料《しりょう》があるんだ。」

お父さんは話を続けます。

「大亀《おおがめ》製作用の巨石は、天明《てんめい》元年（1781）4月、月照寺から30km余り離《はな》れた島根半島の山中（今の出雲市久多見《くたみ》町）にあった巨岩を切り出して（今も切り取った後の〝親岩《おやいわ》〟が残っている）付近の川や宍道湖を利用して、水上輸送《ゆそう》したんだ。細粒凝灰質《さいりゅうぎょうかいしつ》砂岩《さがん》（通称《つうしょう》　〝久多見石《くたみいし》〟）という密度《みつど》の高い石でね、この碑石《ひせき》だけでも約10トンあるらしい。」

「そんなに重い石を運んだのか、はるばる松江まで。大変な作業だったんだろうねえ。」

「運び終わった後、実際に建立《こんりゅう》したのは、松江藩作事所《さくじしょ》（建築事務所）の大工頭《だいくがしら》の記録から、天明《てんめい》2年（1782）だということはわかるけどね、この年10月4日、父宗衍《むねのぶ》の死去に間に合ったかどうかは不明なんだ。」

「親孝行息子の治郷《はるさと》だったから、何とか間に合ってほしかったなあ。」

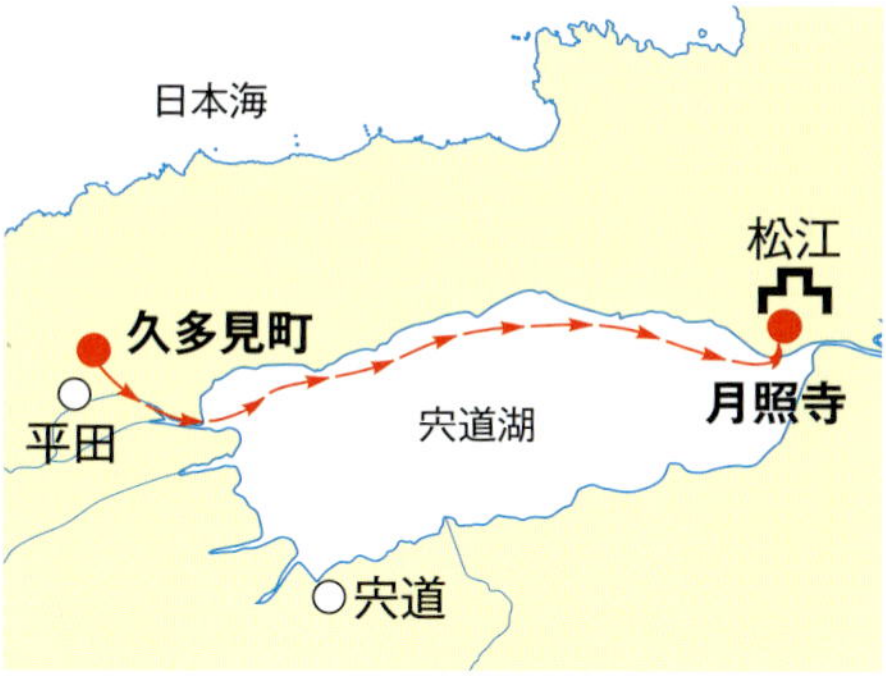

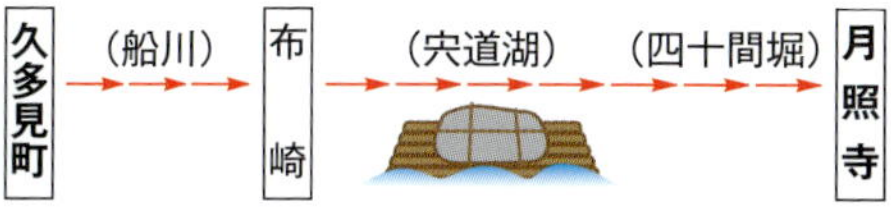

イカダをひいて久多美《くたみ》地区の船川《ふながわ》を行く“追《つい》体験”の学習

昭和56（1981）.8.16

切り取った後の“親岩《おやいわ》”（延命地《えんめいじ》蔵尊《ぞうそん》親孝行岩《おやこうこういわ》）

出雲市久多見《くたみ》町

「ところが、マアちゃん、以前お父さんも、そういうふうにマアちゃんに教えていたけど、実はちがっていることがあったんだ。」

「えっ、何が？」

「寿蔵碑《じゅぞうひ》建立《こんりゅう》を思い立ったのは、治郷《はるさと》(不昧《ふまい》)ではなく、父、宗衍《むねのぶ》(南海《なんかい》)自身だったんだ。」

「えーっ。」

マアちゃんは、たまげてしまいました。

「ほら、この一文だよ。」

お父さんは、碑文《ひぶん》全体が読める写真をカバンの中から、取り出し、説明します。

「"今茲《ことし》(安永《あんえい》7年(1778))戊戌《つちのえいぬ》の春、命じて壽藏《じゅぞう》(在《ざい》命中《めいちゅう》に建《た》てておく墓)を封内《ほうない》(領内《りょうない》)に為《な》らしむ"。

("為る"というのは"できあがる"という意味。)

ほらね、"命《めい》じた"の"主語"は、全体の文脈《ぶんみゃく》からみて"治郷《はるさと》"ではなく、"宗衍《むねのぶ》"になる。**宗衍《むねのぶ》自身が、つくりなさい。と命令《めいれい》したんだよ。**」

「本当だねえ。宗衍《むねのぶ》様がつくらせたんだねえ。」

「お父さんも、今までの研究者がおっしゃっていたことをそのまま信じていたんだ。だって、あまりにも難《むずか》しい漢文《かんぶん》で、とても解読《かいどく》しようという勇気がなかったんだよ。ところが最近、この難《むずか》しい漢字1941文字で書かれている文章の解読《かいどく》に挑戦《ちょうせん》していたら、途中《とちゅう》で気がついたんだよ。」

「お父さんも、こんな難《むずか》しい漢字ばかりの文章の読み解《と》きに、思いきってチャレンジしたんだねえ。その結果、新発見したんだね。」

「でも、すでに県外の研究者、中野三敏氏と土屋侯保《きみやす》氏の二人の先生は、気がついていたんだ。お父さんのこれまでの勉強不足だったと、反省しているよ。」

「ほかにお父さんが、今回の碑文《ひぶん》の勉強でわかったことはあるの？」

「そうだね。約2000文字の文章を作文したのは、

戊戌《つちのえいぬ》之《の》春《はる》　命《めいじて》　壽藏《じゅぞうを》　為《ならしむ》　封内《ほうないに》

今茲《ことし》

寿蔵碑《じゅぞうひ》「碑身《ひしん》」の拓本　碑文《ひぶん》（表側）　月照寺所蔵

松江歴史館発行「江戸のグラフィックデザイン　千社札の元祖　天愚孔平」より

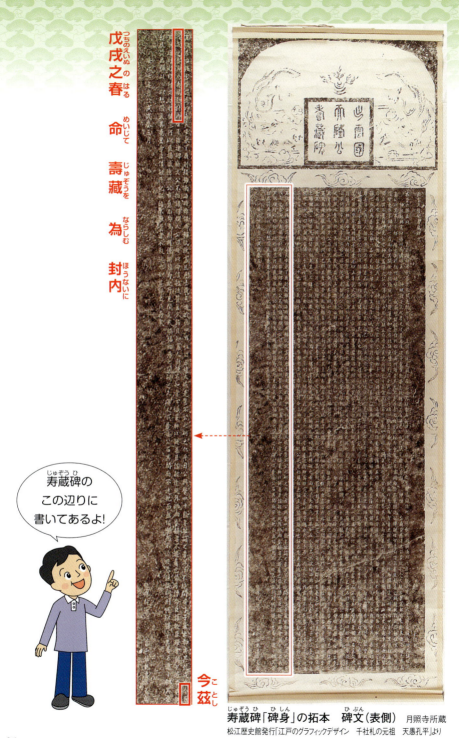

〝千社札《せんじゃふだ》〟の元祖《がんそ》としても有名な、天愚孔平《てんぐこうへい》つまり萩野信敏《はぎののぶとし》という、江戸で活躍《かつやく》する松江藩の学者だった。碑文《ひぶん》の中身は大まかに言うと、①徳川家のルーツ。②松江藩松平家初代直政《なおまさ》の業績《ぎょうせき》。③五代宣維《のぶずみ》と奥方岩宮《おくがたいわみや》との間に宗衍《むねのぶ》が誕生し、信敏《のぶとし》の父、萩野珉《はぎのみん》が〝守役《もりやく》〟になったこと。④宗衍《むねのぶ》の幼い頃から元服《げんぷく》して、17歳で出雲へ初入国まで。⑤父、珉《みん》の死後、信敏《のぶとし》が宗衍《むねのぶ》の側近《そっきん》となったこと。⑥宗衍《むねのぶ》の家族のこと。⑦宗衍《むねのぶ》の藩主としての苦労《くろう》や実績《じっせき》。⑧宗衍《むねのぶ》の隠居《いんきょ》と、宗衍《むねのぶ》が朝日丹波郷保《たんばさとやす》を藩主治郷《はるさと》の補佐《ほさ》役として任命《にんめい》したこと。それが財政《ざいせい》を富ますことにつながったこと。⑨宗衍《むねのぶ》から信敏《のぶとし》に、寿蔵碑《じゅぞうひ》の碑文《ひぶん》を書くことが命令《めいれい》されたこと。以上だね。」

ここでお父さんは〝大まかな碑文《ひぶん》の内容〟というメモを取り出しました。

「まだまだ難《むずか》しくてわからない所があるけど、

大まかな碑文《ひぶん》の内容

①徳川家のルーツ。

②松江藩松平家初代直政《なおまさ》の業績《ぎょうせき》。

③五代宣維《のぶずみ》と奥方岩宮《おくがたいわみや》との間に宗衍《むねのぶ》が誕生し、信敏《のぶとし》の父、萩野珉《はぎのみん》が〝守役《もりやく》〟になったこと。

④宗衍《むねのぶ》の幼い頃から元服《げんぷく》して、17歳で出雲へ初入国まで。

⑤父、珉《みん》の死後、信敏《のぶとし》が宗衍《むねのぶ》の側近《そっきん》となったこと。

⑥宗衍《むねのぶ》の家族のこと。

⑦宗衍《むねのぶ》の藩主としての苦労《くろう》や実績《じっせき》。

⑧宗衍《むねのぶ》の隠居《いんきょ》と、宗衍《むねのぶ》が朝日丹波郷保《たんばさとやす》を藩主治郷《はるさと》の補佐《ほさ》役として任命《にんめい》したこと。それが財政《ざいせい》を富ますことにつながったこと。

⑨宗衍《むねのぶ》から信敏《のぶとし》に、寿蔵碑《じゅぞうひ》の碑文《ひぶん》を書くことが命令《めいれい》されたこと。

今のところ、この程度《ていど》かな。」

「あれっ、治郷《はるさと》のことは、あまり書かれていないねえ。**ほとんど宗衍《むねのぶ》のことばかり。**」

「そうなんだ。まして**宗衍《むねのぶ》の寿命長久《じゅみょうちょうきゅう》を祈願《きがん》する治郷《はるさと》の姿《すがた》は全く書かれていない**。それから、けっこう萩野信敏《はぎののぶとし》自身と父、珉《みん》のことが多いねぇ。」

「信敏《のぶとし》には悪いけど、少し自分のピーアールが過《す》ぎているね。」

「それは、どうやら**信敏《のぶとし》とお殿様宗衍《むねのぶ》との関係が特別だったから**だと思う。ふつうのお殿様と家《か》臣《しん》との上下関係ではなかったんだ。幼《おさな》い頃から4歳年上のお殿様宗衍《むねのぶ》の**〝おとぎ衆《しゅう》〟つまり〝勉強や遊びの相手をする友だち〟だったから**だよ。」

「へえー。**二人は、そんな間柄《あいだがら》**だったのか。」

「マアちゃん、実は、それを最もはっきりと示しているのが、石碑《せきひ》の裏側《うらがわ》(碑陰《ひいん》)に刻《きざ》まれている文章だよ。」


「えっ、〝碑陰《ひいん》〟(碑身《ひしん》の裏側《うらがわ》)にも書かれていたの？知らなかったよー。」

マアちゃは、あわてて裏《うら》へ回って碑《ひ》の表面を見つめました。

「あっ、本当だー。〝碑陰《ひいん》〟にも書かれている。表側より字は大きくて、字数は少ないけど。」

② 碑陰《ひいん》(石碑《せきひ》の裏《うら》)に書かれていたことは？これにはびっくり!!

「マアちゃん…実はこの裏側の178文字で書かれていた文章も、信敏《のぶとし》の作文で、しかも、筆《ふで》で書いたのも信敏《のぶとし》自身だよ。」

「へえー表側は、藤山惟熊《ただくま》という書家《しょか》の筆《ふで》だけど、裏側《うらがわ》は信敏《のぶとし》の筆《ふで》なんだねえ。どんなふうに書かれているのかなあ。漢字ばっかりでさっぱり読めないよ。」

お父さんは、さっそく、碑陰《ひいん》の碑文《ひぶん》の拓本《たくほん》の写真を取り出しました。

「さあ、お父さんのチャレンジだー!! まだ日本中のだれもが試みてない。碑陰《ひいん》の碑文《ひぶん》の〝読み下《くだ》し文〟の作成から始めて、次にその解説もするからね。」

張り切って顔を紅潮《こうちょう》させたお父さんです。

「まず、難《むずか》しい語句《ごく》の解説《かいせつ》から始めるよ。」

寿蔵碑《じゅぞうひ》「碑身《ひしん》」　裏側から

十分な自信はありませんでしたが、マアちゃんの手前、格好《かっこう》をつけたお父さんでした。そして、お父さんは最初の一文から始めました。（以下、松江歴史館学芸員・西島太郎氏のご教示を得ながら、宍道正年が作成。）

我《わ》が天隆公《てんりゅうこう》（六代宗衍《むねのぶ》）臣信敏《しんのぶとし》（荻野信敏《おぎののぶとし》・天愚孔平《てんぐこうへい》）に命《めい》じしめ　此《こ》の碑文《ひぶん》を撰《せん》しむる（作文）也《なり》。

臣《しん》（信敏《のぶとし》）國史之記《こくしのき》（『国史之記《こくしのき》』）を見ることを請《こ》ふ。有司《ゆうし》（役人（国元《くにもと》の上層部《じょうそう》の役人））許《ゆるさ》ず

松江藩の歴史を記した書物（資料）を見ることを希望《きぼう》したけど、役人に許《ゆる》されなかった

臣《しん》恐惶《おそれおそら》しめ（恐れ多くも）　其《その》意《い》（訳・理由）を知らず　復《また》奈何《いかん》もすること無《な》く　勉強せしめ

どうすることもなく、ひたすら勉強した

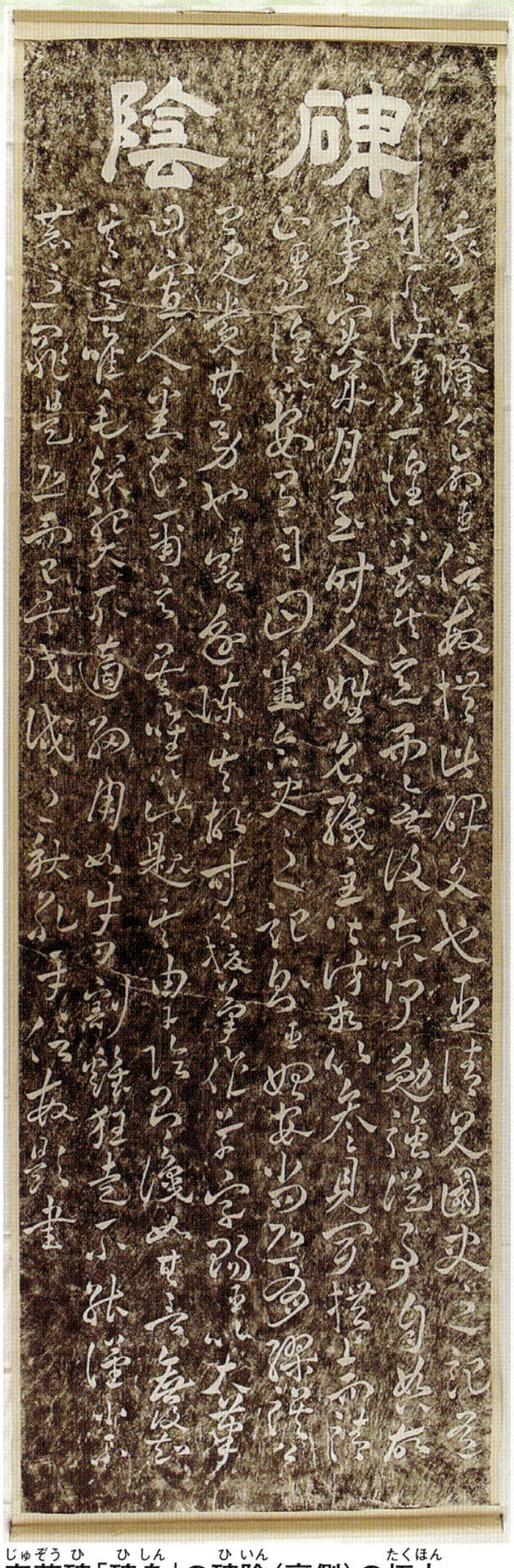

寿蔵碑《じゅぞうひ》「碑身《ひしん》」の碑陰《ひいん》（裏側）の拓本《たくほん》

月照寺所蔵
松江歴史館発行
「江戸のグラフィックデザイン　千社札の元祖　天愚孔平」より

事《こと》に従《したが》う。(書物)典故《てんこ》の事実歳月《じじつさいげつ》に自《よ》り (その時々の人の)時人《じじん》 姓名《せいめい》 (立場)職主《しょくしゅ》に至《いた》るまで

書物に書いてある事実《じじつ》・歳月《さいげつ》を

皆訪求《みなたずねもと》めしめ以見聞《もってけんぶん》に参《さん》し、(撰文《せんぶん》したので)撰上《せんのぼ》しめ 正《せい》を請《こ》ふ。 臣恐惶《しんおそれおそら》しめ

みんな書物を調べて、見聞《みき》きしたこと・知識《ちしき》を照《て》らし合わせて、作文したので 正しいかどうか判断《はんだん》を請《こ》う

(安心できない)安《あん》ぜず 有司《ゆうし》曰《いわ》く 悉《ことごと》く(『国史之記《こくしのき》』)史之記《しのき》に (合っている)合《ごう》すと。則《すなわち》 臣始《しんはじめ》て(安心したけど)安《やす》んじ

尚《なお》 恐《おそら》くは 謬誤《びゅうご》有《あ》らんことを (天隆公《てんりゅうこう》)公《こう》召見《めしみ》めて其《そ》の労《ろう》を賞《しょう》する也《なり》。

まだ誤《あやま》りがあるのではないかと心配《しんぱい》だ 招《まね》いてその苦労《くろう》をほめて下さった

臣進《しんすすみ》て其《そ》の 故《ゆえ》を (述べようとした時に)陳《ちん》せんと欲《ほっ》す時に (天隆公《てんりゅうこう》)公《こう》 筆《ふで》を授《さずけ》て草字を作す

その苦労《くろう》と誤《あやま》りの心配《しんぱい》の両方を 大筆《おおふで》の力で細い草書体《そうしょたい》の字を書いていらっしゃった

臣《しん》に賜《たま》うに大筆《おおふで》を以《もっ》てしめ 曰《いわ》く ※寡人《かじん》悉《ことごと》く爾《じ》か意《い》を知り唯此《ただこれ》を

※寡《すくなし》

その大筆《おおふで》をくださって その苦労《くろう》や心配《しんぱい》を知っている人は少ないだろうから

天愚孔平《てんぐこうへい》に
まつわる千社札《せんじゃふだ》(部分)

松江歴史館発行
「江戸のグラフィックデザイン　千社札の元祖　天愚孔平」より

以《もっ》て　其《そ》の由《よし》を陰に題《だい》せよ。

それを〝陰《いん》〟（碑《ひ》の裏側《うらがわ》）に書きなさい

即《すなわ》ち（碑《ひ》の裏《うら》に）識《しき》の陰《かげ》に知らしめ其《そ》の言の如《ごと》くす

碑《ひ》の裏側《うらがわ》に書いて知らせなさい。だからそのおっしゃる通りにした

復《ま》た其《そ》の意を知ること無《な》し

そうしないと人々は信敏《のぶとし》の苦労《くろう》を知ることは無《な》いだろう

唯毛頴肥大細用《ただもうえいひだいさいよう》に敵《かな》わず牛刀鶏《ぎゅうとうけい》を割《かっ》し、

ただ、公からいただいた大きな筆。筆が大きいと細い字を書くことに適《てき》さない。それはまるで大きな牛刀で小さなニワトリをさばこうと

狂走《きょうそう》せしむ如《ごと》し

狂《くる》ったように追《お》いかけているような状況《じょうきょう》だ。

謹小《きんしょう》なること不恭之罪《ふきょうのつみ》を是《こ》れ恐《おそ》る而巳《のみ》

わずかに小さいけれど、このように太い字で書いたので、公の望《のぞ》まれた通りの字になっていないことを恐《おそ》れる

（安永7年（1778））
戊戌《つちのえいぬ》之夏《のなつ》　孔平信敏題書《こうへいのぶとしだいしょ》

「さあ、今までの難しい語句の解説、どうだったかな？」

「お父さんやっぱり難《むずか》しいよー。ぼくにでもわかるように、現代風にわかりやすく書いてみてよー‼」

難《むずか》しいから
現代風に
わかりやすく
書いてみてよー

萩野信敏《はぎののぶとし》（天愚孔平《てんぐこうへい》）肖像（部分）
松江歴史館発行
「江戸のグラフィックデザイン　千社札の元祖　天愚孔平」より

私のお殿様天隆公《てんりゅう》(宗衍《むねのぶ》)が、私萩野信敏《はぎののぶとし》(天愚《てんぐ》孔平《こうへい》)に命じて、この石碑《せきひ》(寿蔵碑《じゅぞうひ》)の碑文《ひぶん》を作成《さくせい》させられました。

江戸にいる私は、松江藩の歴史を記した書物『国史之記《こくしのき》』を見たいとお願いしたのですが、出雲国にいらっしゃる、位《くらい》が上のお役人は許《ゆる》して下さいませんでした。

私はそのわけを知りませんが、とにかくどうすることもできないので、ひたすら勉強し、すべて書物を調べて、書物に書かれている事実を、その時々の人の姓名《せいめい》や立場に至るまでみんな調べて、見聞きしたこと(知識)と照《て》らし合わせて、文章を作りましたので、それが正しいかどうか判断《はんだん》していただきたい。

私は安心できないので、国元《くにもと》の上のお役人にたずねたところ、すべて『国史之記《こくしのき》』に合っていると回答《かいとう》された。そこで私は、はじめて安心したけど、まだ誤《あやま》りがあるのではないかと心配《しんぱい》だ。

天隆公《てんりゅう》が召いて、私の苦労《くろう》をほめて下さった。その時、その苦労《くろう》と誤《あやま》りの心配《しんぱい》の両方を述《の》べようとした時、天隆公《てんりゅう》は、ご自分の大筆《おおふで》で、細い草書体《そうしょたい》の字を書いていらっしゃった、その大筆《おおふで》を私にくださって、おっしゃるには、「おまえのその苦労《くろう》や心配《しんぱい》を知っている人は少ないだろうから、それを陰《いん》(碑の裏側《うらがわ》)に書きなさい。碑陰《ひいん》に書いて知らせなさい。」と。

だから天隆公《てんりゅう》のおっしゃる通りにしました。そうしないと、私信敏《のぶとし》の苦労《くろう》を知ることはないだろう。ただ、天隆公《てんりゅう》からいただいた大きな筆。筆が大きいと細い字を書くことに適《てき》さない。それはまるで、大きな牛刀《ぎゅうとう》で小さなニワトリをさばこうと、狂《くる》ったように追《お》いかけているような状況《じょうきょう》だ。わずかに小さいけれどこのように太い字で書いたので、天隆公《てんりゅう》の望《のぞ》まれた通りの細い字になっていないことを恐《おそ》れています。

安永《あんえい》7年の夏　孔平信敏《こうへいのぶとし》(萩野信敏《はぎののぶとし》)が書きました。

「うわーよくわかったよ、お父さん。文章全体がぼくにも理解できたよ。お父さんの初挑戦のおかげでよくわかったよ。とにかく、すごかった。ぼくが特にびっくりしたのは、信敏《のぶとし》がよくもまあこれほど生々《なまなま》しく秘密《ひみつ》にしておけばよさそうなことまで書き残したことだよ。」

「そうだね。そもそも国元《くにもと》の上司に資料を見せてもらえないほど、冷たい関係だったのに、後世《こうせい》に残る永久《えいきゅう》に残る碑文《ひぶん》にまで〝いやがらせ〟をされたことを書いているよね。それに、宗衍《むねのぶ》から言われたからといって、そのまま書くという神経《しんけい》だね。よっぽどこの二人の関係は特別だったんだよ。」

半《なか》ばあきれ顔のマアちゃんでした。

「だから、碑文《ひぶん》が安永《あんえい》7年（1778）に作文されても、石碑《せきひ》の石材を切り出したのは、その3年後（天明《てんめい》元年1781）だった。3年も間があいたのは、財政《ざいせい》状況も関係しているかもしれないが、江戸藩邸《はんてい》と国元《くにもと》の重臣《じゅうしん》との間に温度差《おんどさ》があったのかもしれないね。」

「なるほどそうか。」

「でもマアちゃん、石碑《せきひ》を建立《こんりゅう》したのは、息子《むすこ》治郷《はるさと》のお殿様時代だからね。〝親孝行息子《むすこ》〟にはまちがいないよ。このことで治郷《はるさと》の評価《ひょうか》は決して下がらない。なんてったって364両もの大金、今だと仮《かり》に1両を10万円だとすると3,640万円もかけて建立《こんりゅう》したことになる。これは治郷《はるさと》の力だよ。功績《こうせき》だよ。」

マアちゃんは納得《なっとく》顔になりました。

終

あとがき

「親子で学ぶ松江城シリーズ」も6年前の平成24年(2012)に、第1弾『親子で学ぶ松江城と城下町』を刊行してから、今回で第5弾となりました。読みやすく、わかりやすく、小学校6年生の子どもたちにも読んでいただけるように、という願いで4冊の自費出版を重ねてきましたが、いかがでしたでしょうか。

このたびの本では、前回第4弾で取り上げた松江藩主堀尾家と京極家の後をついだ、松平家の初代直政から六代宗衍《むねのぶ》までを紹介しました。これまでの数多くの研究者、先生方の研究成果を、そっくりいただいて、元小学校教師の視点を加えながら、できるだけ子ども向けに、わかりやすく書き上げたつもりです。おりしも、今年平成30年(2018)は「明治維新150年」そして「不昧公200年祭」。改めて地域の歴史を見つめ直し、先人の業績を再評価すべき絶好のタイミングだと思います。

筆を進めているうちに気がつきました。松平家の中でも、功績大《こうせきだい》の七代治郷《はるさと》(不昧《ふまい》)や初代直政は当然のことですが、その陰《かげ》にかくれたように、あまり目立たない二代綱隆《つなたか》から、六代宗衍《むねのぶ》までの5人の藩主に、もっともっとスポットライトを当てるべきではないか、と。そういう思いが、原稿をまとめていくにつれ、どんどんつのっていきました。

ところで巻末《かんまつ》の「特別付録月照寺寿蔵碑《げっしょうじじゅぞうひ》(大亀《おおがめ》の石)の謎《なぞ》を解《と》く〜初挑戦《はつちょうせん》!! 碑身《ひしん》の裏側《うらがわ》(碑陰《ひいん》)の碑文《ひぶん》を解読《かいどく》!!〜」には、格段の思い入れがあります。

月照寺寿蔵碑(大亀の石)と私とのかかわりは、昭和55年(1980)、平田市立久多美小学校教諭をしていた頃(当時、32才)にまで、さか上ります。二学期のある日、久多美小児童の人形劇指導に来校された地元の森脇弌《はじめ》先生(当時、佐香小学校教諭)から、ビッグ情報をいただきました。「実は、久多見町の自宅の裏山に、こんな珍しい物があるんだ。」と。さっそく数日後、現地へ案内していただきました。それが、"延命地蔵尊《えんめいじぞうそん》 親孝行岩《おやこうこういわ》"。

月照寺寿蔵碑の石材を切り取った後の"親岩"（母岩）　延命地蔵尊　親孝行岩
（左）森脇村次郎先生の曽孫　森脇純さん
（右）地元の研究家　永田一芳さん

すなわち、藩主不昧が、父・宗衍のために建立した寿蔵碑（大亀の石）の"親岩"。寿蔵碑用に三個体の巨石を切り出した跡でした。荘厳《そうごん》なふんい気の山林の中で、高さ約4mの垂直な岩肌を見た瞬間、何とも言いようのない神秘《しんぴ》的な謎《なぞ》めいた歴史ロマンを感じました。また同時に、小泉八雲の作品に登場する有名な"大亀の石"の産出地が、ここ久多美小学校区内に存在していた事実に驚嘆《きょうたん》しました。

この日の感激《かんげき》がきっかけとなりました。翌昭和56年度久多美小学校郷土歴史劇クラブ（5～6年児童8名）の子どもたちといっしょに、夏休み中の8月16日、"久多美から松江市月照寺まで、"巨石運搬《うんぱん》の追体験《ついたいけん》"に挑戦しました。保護者の方々の格別のご支援を得て、"張りぼての巨石"と竹製のイカダを作製。また地元の原憲得《あきお》さん提供の動力船によるサポートのおかげで、巨石をのせたイカダは、はるばる久多美の船川《ふながわ》から宍道湖上を経由して、松江温泉付近の岸辺までたどりつくことができました。

張りぼての巨石を積んだ竹製イカダと著者

船外機を操る原憲得さん

午後1時45分頃、やっと月照寺の寿蔵碑に到着した久多美小郷土歴史劇クラブの子どもたち
昭和56年（1981）・8・16

そして、その後、40年余り、学校教育および社会教育で、この寿蔵碑を題材にした授業をくり返してきました。毎回、その中で強調したのは「父、宗衍が50才になられた年、親孝行息子治郷が、父の徳《とく》を讃《たた》え、さらなる寿命長久を祈願し、建立を思い立って、実現したものである。」という通説でした。

ところが近年になって、この説がまちがっていた、ということがわかり、大変ショックを受けました。平成27年度松江歴史館特別展「千社札《せんじゃふだ》の元祖《がんそ》天愚孔平《てんぐこうへい》」開催直前、土屋侯保《きみやす》『江戸の奇人天愚孔平』と中野三敏『江戸狂者伝』2冊の中に、「寿蔵碑建立を命じたのは息子、不味ではなく、父、宗衍自身だった。」という事実が記述されていたのです。土屋先生の本には、石碑表側の碑文の「読み下《くだ》し文」まで載《の》せてありました。

森脇弌先生の祖父、森脇村次郎《むらじろう》先生の著作「不味公親孝行岩　延命地蔵尊」(昭和11年5月)によれば、前年昭和10年夏、『松平不味傳《ふまいでん》』(大正6年刊)の著作代表者高橋龍雄先生が、巨岩所有者森脇村次郎宅で宿泊し、調査された際、「不味公親孝行岩」と命名されました。あくまでも推測ですが、その時の高橋先生の命名をそのまま森脇先生が踏襲され、その後約80年間、地元および県内で、「通説」あるいは「定説」となっていったのではないでしょうか。なにぶんにも約2,000字もの難解な碑文です。私自身もそうでしたが、解読作業に二の足を踏んでしまったのです。私自身、今日まで40年余り、教え子にまちがったことを教えていたことになります。

さて、ここで猛省《もうせい》した上で、このたび、チャレンジしたのは、石碑裏側「碑陰《ひいん》」の碑文解読です。裏面の文章の大まかな内容については読み解かれていても、全体の「読み下し文」はもとより、現代文で解説した例は未だないとのこと。西島学芸員は、そう言って私に火を付けて下さいました。同氏のご教示を得ながら、半《なか》ば罪《つみ》ほろぼしの気持ちで挑戦した結果です。ご批正《ひせい》をよろしくお願い致します。

なお、このたび本書が刊行できましたのは、資料提供を快諾していただいた数多くの機関、所有者の方々、そして講演会で勉強させていただいた先生方のおかげでございます。滋賀・市立長浜城歴史博物館、島根大学附属図書館、島根県立図書館、松江市、松江市松江城調査研究室、松江歴史館、日御碕神社様、松江神社様、乙部正人様、三谷健司様、堀昭夫様、黒澤保夫様、山根克彦様。

また温かくご教示をいただいた研究者の方々、特に拙い原稿に目を通し、校正していただいた、松江歴史館学芸員の西島太郎さん、新庄正典さん、元松江市教育委員会文化財課長岡崎雄二郎さん。そのほかいろいろお手伝いいただいた職場の皆様のおかげです。(順不同です)安部登先生、松尾寿先生、和田嘉宥先生、石井悠さん、山根正明さん、舟木聡さん、松江歴史館の副館長・小山厚さん、事務局長・花形泰道さん、学芸専門監・藤間寛さん、学芸係長・木下誠さん、石場恭子さん、大多和弥生さん、藤岡奈緒美さん、園山麻記さん、山陰中央新報社の支配人・土谷康夫さん・藤原秀晶さん、上田利久さん、飯島肇さん、岡里佳さん。また今回の出版にあたって並々ならぬ努力をしていただいた山陰中央新報社出版部・加地操さん、㈱クリアプラスの間庭嘉昭さん、後藤純子さん、そしてこれまで以上にお手数をおかけした㈱クリアプラスの多久田寿子さん(イラスト・デザイン担当)でした。

最後に、これで5回目になりますが、誠にお忙しいのにもかかわらず、本書の巻頭言を常に快くお引き受けいただいた、松江歴史館館長の藤岡大拙先生に厚くお礼申し上げます。

平成30年(2018)3月31日

宍《しん》道《じ》正《まさ》年《とし》

参考文献

『久田美村誌』（原運一編　1929）
森脇村次郎『不昧公親孝行岩』（『島根縣農會（会）報』1936）
『松江八百八町内物語　―白潟の巻―』（松江八百八町内物語編纂協会　1955）
『松江市誌』（1957）
藤沢秀晴『波乱の藩政』（速水保孝編著『出雲の歴史』講談社　1977）
島田成矩『松江城物語』（山陰中央新報社　1985）
『月照寺』（月照寺興隆会　1987）
中原健次『松江藩格式と職制』（1997）
『島根県歴史人物事典』（山陰中央新報社　1997）
内田兼四郎『松江城歴代藩主の菩提寺』）自費出版　1980）
立脇祐十『語りつぐ松江城物語』（1987）
土屋侯保『江戸の奇人　天愚孔平』（錦正社　1999）
和田嘉宥『松江藩御大工とその作事に関する研究』（米子工業高等専門学校　2001）
平勢隆郎『亀の碑と正統』（白帝社　2004）
中野三敏『江戸狂者伝』（中央公論社　2007）
松尾寿『城下町松江の誕生と町のしくみ』（松江市教育委員会　2008）
宍道正年『ふるさと久多美から松江へ』（自費出版　2008）
西島太郎『京極忠高の出雲国・松江』（松江市教育委員会　2010）
西島太郎「没後三百年～松平綱近」（『続　松江藩の時代』山陰中央新報社　2010）
『安来市内遺跡調査報告書Ⅰ』（安来市教育委員会　2011）
『雲州松江の歴史をひもとく』（松江歴史館　2011）
『松江創世記　松江藩主京極忠高の挑戦』（松江歴史館　2011）
宍道正年『親子で学ぶ　松江城と城下町』（山陰中央新報社　2012）
石井悠『シリーズ藩物語　松江藩』（現代書館　2012）
和田嘉宥他『松江城研究1』（松江市教育委員会　2012）
石井悠『松江藩の歴史』（『城北公民館　歴史講座資料』2013）
西和夫他『松江城天守学術調査報告書』（松江市観光振興部　2013）
和田嘉宥他『松江城研究2』（松江市教育委員会　2013）
宍道正年『親子で学ぶ　松江藩の時代』（自費出版　2013）
石井悠『松江城と城下町の謎にせまる』（ハーベスト出版　2013）
『松江市史　史料編11　絵図・地図』（松江市　2014）
安部登『松江の碑《いしぶみ》　―碑《いしぶみ》が語る松江の歴史―』松江ふるさと文庫17（松江市　2015）
石井悠『国宝松江城』（ハーベスト出版　2015）
『千社札の元祖　天愚孔平』（松江歴史館　2015）
宍道正年『親子で学ぶ国宝松江城』（自費出版　2016）
『松江藩主　松平直政の生涯』（松江歴史館　2016）
宍道正年『親子で学ぶ国宝松江城のお殿様①』（自費出版　2017）

著者略歴

宍道　正年（しんじまさとし）

１９４８年、島根県松江市生まれ。島根大学教育学部卒業後、小学校教諭に。１９８９年４月から１９９２年３月まで３年間は八束郡島根町教育委員会派遣社会教育主事。島根県古代文化センター長、島根県埋蔵文化財調査センター所長、島根県教育庁文化財課課長など歴任し、松江市立法吉小学校校長を最後に教職退職。２０１０年８月から松江歴史館専門官。

主な著書に『島根県の縄文土器集成Ⅰ』『ふるさと日御碕』『日御碕剣道の歩み』『小学校剣道部経営』『清原太兵衛と佐陀川づくり』『島根の考古学アラカルト』『宮尾横穴群』『亀田横穴群』『（ビデオ）チェリーロードわが町』『入海の見える校長室から』『丘の上の校長室から』『ふるさと久多美から松江へ』『親子で学ぶ松江城と城下町』『親子で学ぶ松江藩の時代～松江歴史館で見る～①』『（ＤＶＤ）親子で学ぶ周藤弥兵衛の〝切通し〟と〝川違え〟』『親子で古代史の宝庫荒島を歩く』（リーフレット）『米作りに生涯をかけた荒島の先人たち』（リーフレット）『親子で古代出雲の荒島を歩く～荒島はすごい～』『島根町チェリーロードの五十年』『維新十傑の一人・前原一誠と松江の修道館そして大社町宇竜』『親子で学ぶ国宝松江城』『（ＤＶＤ）戦国武将宍道氏とその後～尼子氏と宍道氏のかかわり～』『親子で学ぶ国宝松江城のお殿様①』『日御碕少年剣道の生い立ち』『親子で松江藩の時代を見る～松江歴史館で見る～②』（近刊予定）などがある。

日本考古学協会員、全国宍道氏会世話人、松江市月照寺大亀の石研究会代表、剣道２段。松江市在住。

親子で学ぶ 国宝松江城のお殿様②

～松江藩主 松平家 初代直政《なおまさ》から六代宗衍《むねのぶ》～

平成30（2018）年３月31日発行

著　者　宍道　正年

デザイン　多久田寿子

発行所　山陰中央新報社

〒690-8668 松江市殿町383

電話 0852-32-3420（出版部）

印　刷　㈱クリアプラス

製　本　日宝総合製本㈱

ISBN978-4-87903-211-9　C0021　￥1300E